财务会计人才培养研究

王 天 汪金芳 高晓莹 ◎著

图书在版编目（CIP）数据

财务会计人才培养研究 / 王天，汪金芳，高晓莹著. -- 北京：中国商务出版社，2022.9
ISBN 978-7-5103-4436-7

Ⅰ. ①财… Ⅱ. ①王… ②汪… ③高… Ⅲ. ①财务会计－人才培养－研究 Ⅳ. ①F234.4

中国版本图书馆CIP数据核字(2022)第178112号

财务会计人才培养研究
CAIWU KUAIJI RENCAI PEIYANG YANJIU

王天　汪金芳　高晓莹　著

出　　版	中国商务出版社
地　　址	北京市东城区安外东后巷28号　邮　编：100710
责任部门	外语事业部（010-64283818）
责任编辑	李自满
直销客服	010-64283818
总 发 行	中国商务出版社发行部 （010-64208388　64515150）
网购零售	中国商务出版社淘宝店 （010-64286917）
网　　址	http://www.cctpress.com
网　　店	https://shop162373850.taobao.com
邮　　箱	347675974@qq.com
印　　刷	北京四海锦诚印刷技术有限公司
开　　本	787毫米×1092毫米　1/16
印　　张	11　　　　　　　　　　字　数：226千字
版　　次	2023年5月第1版　　　　　印　次：2023年5月第1次印刷
书　　号	ISBN 978-7-5103-4436-7
定　　价	60.00元

凡所购本版图书如有印装质量问题，请与本社印制部联系（电话：010-64248236）

版权所有　盗版必究　（盗版侵权举报可发邮件到本社邮箱：cctp@cctpress.com）

前　　言

在经济全球化的时代背景下，随着现代信息技术的迅速发展以及广泛应用，传统的财务会计类人才的培养模式已经不再适应时代的发展趋势。现代社会所需要的是精通财会专业知识和财会事项处理、具备组织管理能力以及国际视野和战略发展思维能力的高素质信息化财务会计专业人才，并且要统筹推进各类别、各层级的财务会计专业人才队伍建设。因此，财务会计类人才培养模式的创新与改革渐渐成为重中之重。

在我国经济不断提升，大力提倡创新型背景下，财务会计管理应运而生。财务会计人才的培养直接决定着企业的生产经营规模和市场竞争力，甚至决定着一个企业未来的发展和兴衰成败。"互联网+"使得会计人员打破区域界限，企业的会计服务可以在全国任何地方实现，甚至可以在其他国家实现。从这个角度来看，未来的会计将会有更多的就业机会。但是，互联网在给会计人员带来更多就业机会，帮助他们提高工作效率的同时，也要求会计人员具备利用和掌握互联网操作的技能。如果一个开放的网络平台不稳定，那么可能导致数据丢失，加大财务风险。在"互联网+"时代，会计人员不仅要精通基本的计算机操作，还要具备处理不同信息的能力。

在多变的商业环境以及信息过载的背景下如何提升财务会计的规划、决策、控制、评价能力，提升我国财务会计人才在经济社会发展和组织内部管理的贡献度，是打造中国经济"升级版"迫切需要的关键所在。面对我国目前财务会计人才培养及其教育改革出现的诸多难题，只有通过不断深化会计教育改革，加快培育我国财务会计人才，才能更好地为打造中国经济"升级版"服务。以财务会计人才能力素质培养框架引领财务会计人才培养及其教育改革，分层施教，创新人才培养模式，丰富人才培养教育教学内容，建立健全人才培养质量监控与评价体系，加大人才培养师资队伍建设力度，多管齐下，是我国财务会计人才培养及其教育改革的根本路径，也是把我国财务会计应用推向纵深发展，推动会计人才上水平、会计工作上层次、会计事业上台阶的必由之路。

本书从财务会计基础介绍入手，针对人才培养的模式以及道德培养、能力培养等进行了分析研究，并对人才培养专业教学、教学改革中对人才培养的创新做了一定的介绍。总体上来说，本书思路清晰、内容详细，理论阐述深入浅出，使读者易读易懂，是一本较为全面，有条理、有重点的财务会计人才培养理论作品，对从事财务会计人才培养专业的学者和财务工作者有学习和参考价值。

目　　录

第一章　财务会计的基本理论 … 1

- 第一节　经济环境与财务会计演变 … 1
- 第二节　财务会计概念框架 … 6
- 第三节　会计规范 … 17

第二章　"互联网+"时代财务会计人才对技术与方法的创新 … 22

- 第一节　互联网时代预算管理创新 … 22
- 第二节　互联网时代筹资活动创新 … 29
- 第三节　互联网时代投资活动创新 … 33
- 第四节　互联网时代分配活动创新 … 37
- 第五节　互联网时代财务报告创新 … 40

第三章　财务会计人才培养模式与能力的培养 … 44

- 第一节　会计人才培养的模式 … 44
- 第二节　会计人才能力的培养 … 68

第四章　会计人才培养的目标定位与体系构建 … 78

- 第一节　会计人才培养的目标定位 … 78
- 第二节　会计人才培养的体系构建 … 95

第五章　会计信息化对人才与道德的培养 … 106

- 第一节　互联网信息化对会计人才的培养 … 106
- 第二节　互联网信息化对会计职业道德的培养 … 109

第六章　财务会计人才培养专业教学 ································ 113

第一节　财务会计教育概述 ································ 113
第二节　财务会计教学方法 ································ 120
第三节　财务会计教育模式 ································ 125
第四节　财务会计素质教育 ································ 130

第七章　财务会计人才培养教学改革中的创新 ················ 134

第一节　翻转课堂对人才培养的创新应用 ················ 134
第二节　微课对人才培养的创新应用 ····················· 146
第三节　慕课对人才培养的创新应用 ····················· 151

参考文献 ·· 169

第一章 财务会计的基本理论

第一节 经济环境与财务会计演变

一、信息不对称与财务会计

在所有权和经营权分离的情况下，公司的管理当局与外部的投资者之间所拥有的公司信息并不对称，这一信息不对称会产生逆向选择和道德风险的后果。其中前者因为公司的内部人（诸如管理层等）比外部股东或债权人拥有更多关于公司当前状况和未来前景的信息，内部人可能会以牺牲外部人的利益为代价来牟取私利；后者则表现为外部的股东或债权人不能观察到管理层的努力程度和工作效率，管理层因此而偷懒，或者将经营失败的原因推卸到外部不可控因素。

如果"知情"的管理当局作为内部人，能够遵循"自我道德约束"来编制财务报表以提供给外部信息使用者作为决策依据，那么资本市场的信息不对称问题将因"自愿披露"行为以及投资者的信任而缓解。然而问题在于，道德规范并不总是有效的，通过会计数字操纵进行造假或欺诈的案例屡屡出现。究其原因在于会计信息是一种复杂的重要的"商品"，不同的人对其会有不同的反应，由此会影响到个人决策，进而影响到市场的运作。作为会计信息的主要载体，公开披露的财务报表是由公司的管理层来编报，而依靠会计信息进行相关投资决策的外部投资者则处于信息劣势。为了保证会计信息的真实与公允，必须有一个制度安排，这就是由"公认会计原则"（GAAP）或会计准则直接规范财务报表的内容及形式，再由独立审计加以验证。这一制度背后的机理是，如果 GAAP 是高质量的，又有独立审计验证由其产生的会计信息质量，财务报表提供的信息质量应该得到合理的保证。

二、资本市场环境下财务会计理论的发展

资本市场是一国市场体系的核心，它在促进社会资源有效配置以及资产有效分布的同

时，也是信息的集聚地。投资者、债权人以及上市公司等利益集团或个人都需要了解上市公司的财务状况、经营成果以及现金流量状况的信息，并根据这些信息进行投资或决策。在资本市场比较发达的情况下，决策有用观对于会计职业界以及会计准则制定机构都具有深远的影响。资本市场最发达的美国提出，财务报告的首要目标就是"提供对投资和信贷决策有用的信息"。公允价值就是与其密切相关的一个重要且颇有争议的概念。

（一）公允价值

尽管本质上适应工业经济的历史成本会计仍然占据主要地位，人们发现它已经越来越不适应经济的发展，一些对企业价值产生重要影响的事项和情况，如金融衍生工具、自创商誉、生物资产、人力资源已经无法为传统会计体系所反映。投资者和信贷者在让渡以现金为主的资源使用权后，都希望在未来获得公平的现金回报，而根据过去的历史成本无法预测未来以及给正确决策带来直接的帮助，因此人们在竭力寻求一个能够弥补这一缺陷的新的会计模式。

自 1990 年开始，美国证券交易委员会（简称 SEC）前任主席道格拉斯（Douglas Breeden）就公开倡议所有金融机构都按市场价格报告所有的金融投资，认为公允价值是金融工具最相关的计量属性。西方国家的准则制定机构纷纷响应，努力扩展公允价值计量属性在财务报告中的应用，以摆脱现行历史成本会计模式正在失去相关性的批评。

所谓公允价值是指一项资产或负债在自愿双方之间现行交易中，非强迫或清算所达成的购买、销售或结算的金额。可见公允价值是对未来交易的估计，是估计未实际发生但将进行现行交易的价格，不同于历史成本是以过去的交易或事项为基础的交换价格。公允价值与历史成本的主要区别在于：首先，公允价值不是建立在已发生的交易的基础上，而是建立在意图交换的双方虚拟交易（非现时交易）的基础上；其次，公允价值不是现时交易达成的交换价格，而是在未实现交易基础上的市场价格。

必须强调的是，公允价值是在没有真实交易的条件下，对意图进行的现行交易的价格进行的估价。也就是说，公允价值是双方已愿意进行现实交易，但是尚未存在实际交易的情况下，对交易中资产或负债的估计价格。

作为一种计量属性，公允价值计量的目标是在缺少实际交易的情况下为资产和负债估计现实交易价格。这种估计是参照假定的交易来确定的。通常可以采用的估价技术有市场法（market approach）、收益法（income approach）及成本法（cost approach）。无论采用哪一种估价技术都必须注意三个原则：第一，所采用的估价技术应该保持一贯性；第二，估价是为了寻求可靠的公允价值，因此，只有能产生更可靠的公允价值时，才应变更估价技术；第三，估计公允价值必须以市场信息为假定和数据源头。

与公允价值密切相关的概念之一是现值。美国财务会计准则委员会（简称FASB）曾经在其第5号概念框架里将"未来现金流量的现值"作为会计的一项计量属性。随后FASB经过数十年的研究，在第7号概念框架中，上述观点被明确否定，提出"未来现金流量的现值"技术是估计公允价值的手段。现值并不一定代表公允价值，因为用一个随意设定的利率对一组现金流量进行折现都可以得到一个现值，但是这样做并不能为使用者提供有用的信息。因此，在运用现值技术估计公允价值时，关键是要符合或大致接近交易双方自愿达成的金额。

（二）业绩报告的改进——综合收益表

在历史成本计量模式下，在初始计量后，只需要考虑摊销或分配，并不需要在后续期间考虑持有资产价格的变化，即不会形成未实现的利得和损失。但是如果采取公允价值在内的现行价值计量，就必然会产生未实现的利得和损失。在现行会计实务中，对资产持有期间的价值变化的处理并不统一，有的计入当期损益，有的计入所有者权益，还有的允许同一项目在上述两种方法中选择，这种处理方式直接影响了收益表的信息含量。传统收益表的不完整使得使用者无法了解报告主体在一个会计期间全部的财务业绩，进而也就无法对未来的结果和现金流动做出评估。由此以综合收益表完整地对会计主体的业绩进行报告成为今后会计的发展方向，日益得到理论与实务界的重视。

综合收益概念的内涵在于，确认收益要遵循"资产负债观"而不是"收入费用观"。不过目前的综合收益表包含的内容除了传统损益表的内容外，还包括限定项目所形成的其他收益，也就是说仍然奠定在"收入费用观"的基础上，但是逐渐在向"总括收益观"靠拢。

所谓"资产负债观"指利润是剔除所有者与企业的经济往来外后，企业在某一期间内净资产变动额。可见"资产负债观"强调的是企业资本的保全，认为资本保全后才能计算利润。而"收入费用观"则认为利润是收入和费用配比的结果，如果收入大于费用则为盈利，反之则为亏损。对于"收入费用观"有两个基本观点，一是"当期经营观"，另一个就是"总括收益观"。前者认为企业的经营业绩应体现来自经营活动的结果，而不应该包括非经常性损益。而后者则认为企业在存续期间内，各个会计年度报告的利润之和必然等于该企业的利润之和，如果非正常损益不包括在当期利润中，就可能导致后期利润被高估。因此总括收益应根据企业在某一特定期间所有交易或事项所确认的有关企业业主权益的全部变动（不包括企业和业主之间的交易）加以确认。

纵观财务业绩报告的改革趋势，在保留传统利润表的基本结构下，将综合收益表纳入业绩报告体系的思路已经为大多数国家的准则制定者所考虑或接受。FASB 提出了两种建议格式：第一种是在传统利润表的基础上，单独设计一张综合收益表，与传统利润表共同反映全面的财务业绩，综合收益表以传统利润表的最后一行作为该表的第一行，以"综合收益总额"作为最后一行。第二种是单一报表格式，即将传统利润表与综合收益表合二为一，称为收益与综合收益表，在该报表中，传统利润表的最后一行——"净收益"作为综合收益总额的小计部分。尽管这一格式将综合收益纳入同一张表内，便于使用者分析，而且无须增加新表，但是由于将净收益作为收益总额的小计部分，可能会降低利润表的重要性，因而遭到许多人的反对。

（三）会计准则制定方式的转变："规则基础"转向"原则基础"

有观点认为，美国的会计准则是以规则为基础的，而安然事件中的一个关键词，即"特殊目的主体"，就是基于美国会计准则的规则基础背景下产生的。但也并不是说按照原则基础的会计准则制定方式，引入"实质重于形式"的原则就可以避免，但至少能约束安然的欺诈行为。如果引入"经济人"假设和会计准则具有经济后果的假设，对此问题的回答就不是用"能"或者"不能"可以解决的，问题将会复杂化。

在"经济人"假设下，人是自利的，是期望在现有的规则范围内能够最大限度地实现自我利益的，而如果会计准则又具有经济后果，他们就会利用所有能够采取的手段，在现有的"政策"内寻找一切可能的空间，按照准则来设计其业务，进而创造性地产生了"没有违反准则"的会计行为，而这并不是会计准则意图达到的目的。可以说，以规则为基础的会计准则会引导会计信息的提供者更多地去寻求对法律形式的遵守，而不是反映交易和事项的经济实质。但是仅以原则为基础，会计准则的编制者以及审计师在具体操作时，将十分困难，因为即便是职业判断，也需要必要的指南。换句话说，现有的以"规则为基础"的会计准则会成为部分人规避会计准则真实意图的借口及手段，然而单纯地强调抽象的原则，也会导致会计准则应用和操作方面的不可行。因此，以目标为导向、以原则为基础来制定会计准则成为一种理性的选择。

这一准则制定方式的特征表现为：按已经改进并一贯应用的概念为基础；已明确提出的会计目标引导会计信息提供者及审计师更为关注事项或交易的经济实质；提供的是充分

且不模糊的有关目标的细节及结构；尽可能减少准则中的"例外"；尽量避免使用"界限（线）"进行界定或测试。

三、我国财务会计的发展与改革现状

（一）我国财务会计的发展历程

由于国际上通行的会计规范形式是会计准则，我国在保持会计制度的同时，又不断完善我国的会计准则体系，在2006年2月15日颁布了新的会计准则体系，包括1项基本会计准则和38项具体会计准则，随后又于2006年10月30日颁布了32项具体准则的应用指南。从整体上看，该准则体系充分实现了与国际惯例的协调，起点高，内容全面，充分体现了我国会计改革的国际化。该准则有关会计确认、计量和报告的标准更加准确，尤其在会计计量、企业合并、衍生金融工具等方面实现了质的突破。

（二）我国现行会计准则体系的主要变革

1. 会计准则体系日趋完善

我国的会计改革国际化的突出成果是形成了日趋完善的会计准则体系，目前这一体系由1项基本会计准则、38项具体会计准则、32项应用指南及1个附录所构成，废止了应用多年的会计制度。基本会计准则属于准则的一部分，具有法律效力，其目的在于规范具体准则的制定，这一点不同于财务会计概念框架。财务会计概念框架的目的在于提供一种理论支撑，不属于准则的组成部分。

2. 明确的理念指导会计准则的建立

现行准则体系的一个重要特色是以"资产负债表观"为总的指导理念，淡化了一直在我国理论与实务界占据重要位置的"利润表观"，强调了考核企业的着眼点是其可持续发展，要从净资产角度来判断交易的发生、企业的增值等，而不是当期的收益。

3. 会计确认、计量和报告具有强制性

现行会计准则体系的核心是确认、计量和报告，因此具有强制性，而有关会计记录的规定没有出现在具体会计准则或基本会计准则中，仅仅以附录的形式规定了会计科目和账务的处理，在会计科目的设置方面也打破了原先的行业界限。体现了企业的会计记录只要以准则为导向，不违背确认、计量和报告的有关规定，就可以结合实际情况做灵活处理。

4. 突出强调了财务报告的地位与作用

国际会计准则改称为国际财务报告准则，从某种程度上也显示了财务报告地位的日趋重要，在我国现行的准则体系中也体现了这一点。现行的财务报告体系主要由报表和附注构成，对附注的有关规定体现了其规范化、结构化和国际化的特征。由此，投资者等信息使用者在利用会计信息进行相关决策时，不仅要依据报表，还要借助于附注。财务报告在我国会计准则中的地位得到了加强。

5. 广泛而谨慎地引入公允价值计量属性

尽管历史成本具有较大的可靠性，但是对于投资决策其相关性较弱，而公允价值对于经济业务（尤其是一些衍生金融工具业务）的决策则具有较大的相关性。当然由于公允价值经常依据估计与判断，存在较大的风险和不确定性，因此我国根据实际情况在现行会计准则体系中广泛而谨慎地引入了公允价值计量属性，也就是尽管历史成本仍然是主要的计量属性，但如果存在活跃市场，公允价值有确凿证据的情况下，就可以采用公允价值。

第二节　财务会计概念框架

一、财务会计目标

当"会计本质上是一个信息系统"的观点为人们所接受后，会计目标就成为财务会计概念框架的逻辑起点。由于在不同的社会经济环境里，信息使用者有差别，而财务会计的目标又密切依存于使用者的信息需要，因此并不存在一个完全一致的目标。综合各国的财务会计目标，主要涉及这样几个问题：谁是会计信息的使用者？会计信息使用者需要什么样的信息？哪些信息可以由财务会计来提供？为了提供这些会计信息需要什么样的框架？

（一）受托责任观和决策有用观

在回答上述问题的过程中曾经出现过两个代表性的观点：受托责任观和决策有用观。了解这两种观点从对立到相互融合的过程，可以进一步了解会计目标的发展和演变。

1. 受托责任观

从历史来看，受托责任观的出现早于决策有用观。其最早产生于两权分离，委托代理关系明确稳定的经济背景下。受托责任观认为在所有权与经营权分离的背景下，为企业资源的提供者创造尽可能多的财富是企业管理者的受托责任，会计目标应主要定位在提供经管责任完成情况的信息上，对会计信息质量的首要要求是可靠性。进而可靠性又会对概念框架中的会计确认、计量以及会计要素的界定等方面产生相应的要求。例如对于会计确认，可靠性要求采用交易观，即只确认已经发生交易的经济业务，而对于具有一定不确定性的尚未交易的业务不予确认。至于会计计量，可靠性要求以历史成本为主，而现行价值或未来价值因其具有不确定性而被限制使用。

2. 决策有用观

随着资本市场的产生和发展，所有者和经营者之间的关系变得模糊且不确定，这一情况下对会计的要求更多的是要反映企业未来的发展趋势，仅仅提供经营者经营业绩的信息以反映其受托责任已经不能满足对会计信息的要求。由此，决策有用观的会计目标登上了历史舞台。

决策是面向未来的，决策有用观认为会计目标应定位在向会计信息使用者（包括现有和潜在投资者、信贷者、企业管理者和政府）提供有关未来现金流量的金额、分布和不确定性的信息，以帮助他们在预测未来时能产生有差别的决策。如果会计信息能够帮助投资者评价资产未来现金流的流量和风险，那么会计信息将有助于提升资源配置的效率。目前这一观点已经成为研究财务会计目标的主流观点。决策有用观对会计信息质量的要求除了可靠性外，更强调相关性。不同于受托责任观下的会计确认和计量手段，该模式要求会计确认采用事项观，即会计要对包括尚未发生交易的资产价值变动在内的全部经济业务加以确认，而会计计量则强调采用相关资产的公允价值。

受托责任观和决策有用观并不是相互对立的两种观点，后者是前者的继承与发展。可以看出满足决策有用会计目标的信息需求也能满足受托责任会计目标的信息需求，早期受托责任观对企业利润的关注也已经被决策有用观对企业未来现金流量能力的关注替代。

（二）我国会计目标的定位

决定会计目标定位的因素主要是经济环境因素，在我国由于实行的是国家宏观调控的国民经济管理体制，证券市场还不发达，大众投资者比例较低，这样的环境决定了完全采用决策有用观也许尚不可行，而是应该兼顾受托责任观和决策有用观。

我国目前的财务会计目标是，"向财务会计报告使用者提供与企业财务状况、经营成果和现金流量等有关的会计信息，反映企业管理层受托责任履行情况，有助于财务会计报告使用者（包括投资者、债权人、政府及其有关部门和社会公众等）做出经济决策"。

具体来说，可以分为以下几方面：

1. 宏观经济调控

国家的财务信息需求。我国目前实行的是市场调节和国家宏观管理相结合的经济管理体制，由于市场经济机制尚未成熟，国家的宏观经济管理在整个国民经济管理中仍发挥主导作用。因此不论是上市还是非上市企业都需要按照国家规定向有关政府监管部门提供其所需要的会计信息，以保证国有资产的保值增值，保证国家相关税费的稳定增长，维护社会主义市场经济秩序。

2. 完成受托责任

公司管理层的财务信息需求。在两权分离的现代经营模式下，财务会计信息成为联系委托人与受托人之间代理关系的纽带，大量有关委托代理的企业契约是依托财务会计信息签订的。比如盈利信息往往成为衡量代理人努力程度的替代指标，委托人依据其制订和执行奖惩计划；而从代理人的角度考虑，财务信息则成为其传递受托责任完成的信号。

3. 促进资本市场资源配置

投资者和信贷者的财务信息需求。资源是稀缺的，如何有效配置稀缺的资源是资本市场的一个中心问题。财务会计通过提供可信、可靠、不偏不倚、能够如实反映交易的经济影响的财务信息，有助于资本市场参与者识别对资源相对有效和无效的使用者，有助于评估不同投资机会和报酬，有助于促进资本和其他市场的有效运行。

二、财务会计基本假设

（一）会计主体假设

会计主体又称经济主体。每个企业都是一个与其业主或其他企业相互独立的会计主体，会计计量和报告只是特定主体经营和财务活动的结果，而不是企业业主的活动。会计主体假设从空间上限定了会计工作的具体范围。会计主体的概念适用范围较广，如合伙、独资、公司（包括股份与非股份公司）、小型和大型企业，甚至还适用于企业内部的各个环节（如各个部门）或几个企业（如编制合并报表的母子公司）。这里必须明确会计主体、法律主体和报告主体的区别。会计主体并不以法律主体成立与否为依据，凡是会计为之服务的特定单位都可以视为会计主体。法律主体则不同，例如有些国家只承认股份公司可以以法律主体的身份行使民事权利、承担民事责任，而否认独资、合伙企业的法律主体地位。会计主体和报告主体也有所区别。原则上会计主体既指平时进行会计处理的会计主体，也指期末编制财务报告的报告主体，但是存在一些例外。如合并会计报表的报告主体是公司集团，而公司集团并不是会计主体；再如公司的若干分部（地区分部或业务分部）若需要单独核算和报告时也可以作为一个独立的报告主体甚至可以集会计主体于一身，当然所反映的内容将远小于企业的内容。

（二）持续经营假设

持续经营假设又称连续性假设，即除非管理层打算清算该企业或打算终止经营或别无选择只能这样做时，会计主体的目标不会改变，并且会按照现状持续不断地经营下去。在此假设下，财务会计的基本流程如确认、计量、记录和报告保持了一贯性，使财务会计得以在高度不确定性的环境中完成其流程循环。但是，当管理层意识到存在有关事项或条件的高度不确定性因素可能会引致人们对企业仍能持续经营产生重大怀疑时，则应披露这些不确定性因素。此外，如果有足够的相关证据证明企业无法持续经营，则破产清算假设将替代持续经营假设，这时财务会计在数据的处理、会计信息的加工以及提供财务报表的程序与模式等方面将会发生重大变化。例如以非清算为基础的折旧会计将不再适用。

（三）会计期间假设

在会计主体持续经营假设的基础上，出于提供及时的财务信息的考虑，凡是能反映企业财务状况和经营成果的财务报告，应定期予以提供。按照传统的商业习惯和所得税法的规定，所谓定期往往指一年一次。实务中企业的会计年度既有按照公历年度，也有按照自己的"自然"经营年度。近年来，上市公司还被要求提供中期报告，即以半年度、季度或月份作为分期基础，进而形成中期财务报告。

持续经营与会计分期假设是相辅相成、互相补充的。从一定意义上讲，前者更为重要，因为有了持续的经营活动，才有必要和有可能进行会计分期。当然，在新经济时代，互联网的运用将使新兴企业的财务报告采取实时传递的方式成为可能，如何使现有的财务会计的构造和作用适应这一发展态势还须加以深入的研究。

（四）货币计量假设

货币计量假设又称货币单位假设，认为会计是一个运用货币对企业活动进行计量并将计量结果加以传递的过程。会计信息以数量为主，这一假设给数量信息配备了统一的单位，进而使会计信息具有同一性和可比性。但是由于作为计量单位的货币本身也存在"量度"上的局限性，即货币的购买力存在变化的可能，因此，货币计量假设的背后还隐含着币值不变的假设，这样才能使各个会计期间的财务会计信息具有一定的可比性。

三、财务会计信息质量特征

（一）用户需求观和投资者保护观

目前关于如何评价财务会计信息质量的观点有两大类，即用户需求观和投资者保护观。用户需求观认为财务报告的质量是由财务信息对使用者的有用性决定的。美国财务会计准则委员会（FASB）的概念框架就是这一观点的主要代表。FASB以决策有用性为目标，提出了一系列以相关性和可靠性为核心的财务会计信息质量特征体系。与用户需求观不同，投资者保护观则认为财务报告质量主要取决于财务报告是否向投资者进行了充分而公允的披露，因此诚信、透明、公允、可比和充分披露等特征成为该观点支持的会计信息质量特征。投资者保护观的支持者主要是美国证券交易委员会、审计准则委员会等组织或机构。

（二）会计信息质量的特征要素

表面上看各国及国际会计准则理事会（IASB）对财务会计信息质量特征的界定似乎大同小异，但是如果仔细比较和分析，就会发现各自不同的信息质量特征体系在名称、基本背景、层次结构以及具体的属性定义方面都存在差异。例如，相关性在大部分国家的概念框架中是主要的信息质量特征之一，但是其内涵并不完全相同。美国、加拿大强调预测价值、反馈价值/验证价值和及时性。而英国则主要强调预测价值和验证价值，至于IASC（国际会计准则理事会）和澳大利亚则除了强调预测价值和验证价值外，还强调对财务信息的性质及其重要性的关注。

由于美国在研究概念框架方面的领先地位，其研究成果已成为各国（包括IASB）在相关方面的研究背景。下面以FASB对会计信息质量各特征要素的界定作为参考，对几种主要的会计信息质量特征的内涵进行说明，最后介绍我国和IASB对财务会计信息质量特征的研究发展现状。

1. 相关性

相关性是指会计系统提供的会计信息应该与使用者的决策相关。基于"决策有用性"的会计目标，对决策最为有用的信息是"能够帮助信息使用者在预测未来时能导致决策差别"的信息，因此相关性成为保证会计信息质量的重要特征。会计信息的相关性还必须具有预测价值、反馈价值和及时性三个基本质量特征。预测价值是指会计信息要能够帮助投资者预测企业以后的财务状况、经营成果和现金流动情况。反馈价值是指投资者获得会计信息后，能够据以修正以前的某些认识。会计信息的及时性是要求必须及时收集会计信息、及时对会计信息进行加工和处理，并且及时传递会计信息。

2. 可靠性

可靠性是指会计信息应如实表述所要反映的对象，尤其需要做到不偏不倚地表述经济活动的过程和结果。可靠性具体可分为三个方面，即可核性、真实性和中立性。可核性是指不同的人，依据相同的信息输入、遵循相同的会计准则，可以从会计信息系统中输出相同或相似的结果。真实性是指会计信息应该反映实际发生的经济活动，通常所指的会计信息失真就是指会计信息不能够真实反映企业的经济活动。中立性要求会计人员处理会计信息时应保持一种不偏不倚的中立态度，避免倾向于预定的结果或者某一特定利益集团的需要。

3. 可比性

广义的可比性是指财务会计信息在同一会计主体不同时期之间和不同会计主体同一时期之间可以予以比较，从而使用户能够比较某两个时点或某两个时期的交易或事项，以及财务业绩的相似之处及其差异的质量属性。其中同一会计主体不同时期之间的会计信息的可比性又称为一致性，按照一致性的要求，会计方法的选择在前后期应保持一致；而不同会计主体之间的可比性又被称为狭义上的可比性，要求不同会计主体之间的会计政策具有相同的基础，会计信息所反映的内容基本一致。

4. 可理解性

可理解性是指能够为信息使用者所理解，这是针对会计信息用户的质量特征。具体而言是要求财务信息应当为那些对商业活动和经济活动拥有合理理解能力，并且愿意花精力去研究这些信息的人士所理解。可理解性可划分为两类：与特定的决策者相关或者与广大的各类决策者相关。

5. 透明度

由于20世纪90年代美国上市公司存在严重的盈余管理现象，美国证券交易委员会（SEC）非常关注这一现象，希望从多个角度提高上市公司信息质量。1996年4月11日，SEC在其声明中提出三项评价"核心准则"的要素，其中第二项是"高质量"。对"高质量"的具体解释是可比性、透明度和充分披露。其后在1997年，SEC前主席莱维特

(Levitt)在关于"高质量会计准则的重要性"的演讲中明确提出将透明度纳入准则高质量的特征体系中。

由于透明度适用的领域很广,迄今为止,对透明度的定义并没有统一。从会计的角度,可以将其理解为对会计信息质量标准和一般意义上的会计信息披露要求的发展。可以这样认为:会计透明度是一个关于会计信息质量的全面要求,包括会计准则的制定和执行、会计信息质量标准、信息披露与监管等。可见会计信息质量的透明度要求仅仅是其中的一个部分。

(三)IASB财务会计概念框架中的会计信息质量特征

与美国不同,IASB关于会计信息质量特征的内容是以"财务报表的质量特征"的形式进行阐述。其中可理解性、相关性、可靠性和可比性为处于同一层次的主要质量特征。相关性的构成要素分别为预测价值、验证价值、财务信息的性质及重要性。可靠性由忠实反映、实质重于形式、中立性、审慎性和完整性构成。由于IASB的概念框架不同于一国研究出台的概念框架,它主要是为了解决"众口难调"的突出问题,所以可比性是IASB极为关注的一个质量特征,不仅指交易或事项的计量及列报的方法要一致,还要求将编报财务报表所采用的会计政策的变动及变动的影响告诉使用者。此外,IASB的"财务报表的质量特征"还对相关性和可靠性的制约因素进行了分解,具体包括及时性、效益和成本之间的平衡以及重要性。

四、财务会计要素

(一)资产

资产是指企业过去的交易或者事项形成的、由企业拥有或者控制的、预期会给企业带来经济利益的资源。其中,企业过去的交易或者事项包括购买、生产、建造行为或其他交易或者事项,预期在未来发生的交易或事项不形成资产;由企业拥有或者控制是指企业享有某项资源的所有权,或者虽然不享有某项资源的所有权,但是该资源能被企业所控制;至于预期会给企业带来经济利益是指直接或间接导致现金及现金等价物流入企业的潜力。资产在符合上述定义的同时还须同时符合以下两个条件:一是与该资源有关的经济利益很可能流入企业;二是该资源的成本或者价值能够可靠地计量。

（二）负债

负债是指企业过去的交易或事项形成预期会导致经济利益流出企业的现时义务。上述定义中的现时义务是指企业在现行条件下已承担的义务，不包括未来发生的交易或事项形成的义务。同样符合定义的义务还必须满足以下条件才能确认为负债：与该义务有关的经济利益很可能流出企业，未来流出企业的经济利益的金额能够可靠地计量。

（三）所有者权益

所有者权益是指企业资产扣除负债后由所有者享有的剩余权益。公司的所有者权益则被称为股东权益。所有者权益的来源包括所有者投入的资本、直接计入所有者权益的利得和损失、留存收益等。其中直接计入所有者权益的利得和损失是指不应计入当期损益、会导致所有者权益发生增减变动、与所有者投入资本或者向所有者分配利润无关的利得或者损失。

（四）收入

收入是指企业在日常活动中形成的、会导致所有者权益增加的、与所有者投入资本无关的经济利益的总流入。必须强调的是，收入也必须同时满足这样的条件，即经济利益很可能流入进而导致企业资产增加或者负债减少，同时经济利益的流入额能够可靠地计量。

（五）费用

费用是指企业在日常活动中发生的、会导致所有者权益减少的、与向所有者分配利润无关的经济利益的总流出。费用确认须满足的条件是经济利益很可能流出从而导致企业资产减少或者负债增加，同时经济利益的流出额展开计量。

（六）利润

利润是指企业在一定会计期间的经营成果。利润包括收入减去费用后的净额、直接计入当期利润的利得和损失等。其中直接计入当期利润的利得和损失是指应当计入当期损益、会导致所有权发生增减变动的、与所有者投入资本或者向所有者分配利润无关的利得或损失。

五、会计要素的确认和计量

（一）会计要素的确认

确认是指在交易和事项（经济业务）发生时，将一个项目按照会计要素正式予以记录并按要素的项目计入财务报表中，它包括同时用文字和数字表述某一项目。在财务会计理论结构中，会计确认是一个重要的环节，它决定了具体的经济业务何时以何种要素的形式计入财务报表，进而达到为信息使用者提供合乎要求的会计信息的目标。

会计确认可分为初始确认和后续确认。初始确认是指对某一项目或某项经济业务进行会计记录，比如记做资产、负债、收入或费用等；后续确认是在初始确认的基础上，对各项数据进行筛选、浓缩，最终在财务报表中加以列示。在对每个项目进行确认的过程中必须同时满足以下四个标准：可定义性、可计量性、相关性、可靠性。如前所述，我国现行会计准则中也明确规定了如果要对会计要素加以确认，必须在满足定义的同时还符合相应的确认条件，最终才能计入资产负债表或利润表。由于确认的最终目标是要进入财务报表，因此非正式列入财务报表的项目不需要进行严格的确认，通常在附注中加以披露即可。

会计确认的基础有收付实现制、权责发生制。收付实现制的字面表述是"现金基础"（cash basis），即要求在收到现金时确认收入、支出现金时确认费用。权责发生制则是与收付实现制相对应的概念。具体来说，在权责发生制下确认收入时是按照货物的销售（或交付）或者劳务的提供来确认，费用则按与相关联的收入确认的时间予以确认，不考虑现金支付的时间。目前，权责发生制是普遍采用的会计确认的基础。

（二）会计要素的计量

1. 计量理论的主要类别

关于计量理论可以概括地分为两个派别：真实收益学派和决策有用学派。真实收益学派要求计量的结果能够真实地反映企业的收益，而决策有用学派则要求计量的结果应能满足决策的需要。目前看来，后者已经成为一种主流。

2. 计量属性

不同的会计信息需求导致不同的计量模式，而计量模式主要由三个要素组成，即计量对象、计量属性和计量尺度。其中计量属性是目前讨论最为激烈的一个话题。计量属性是指被计量客体的特征或者外在表现形式。具体到会计要素就是可以用货币对其进行量化表述的方面。我国结合国际惯例，在现行的基本会计准则中规定了五个计量属性，分别是历史成本、重置成本、可变现净值、现值和公允价值。

（1）历史成本。在历史成本计量下，资产按照购置时支付的现金或现金等价物的金额，或者按照购置资产时所支付的对价的公允价值计量；负债按照因承担义务而实际收到的款项或者资产的金额，或者承担现时义务的合同金额，或者按照日常活动中为偿还负债预期需要支付的现金或现金等价物的金额计量。

（2）重置成本。在重置成本计量下，资产按照现在购买相同或者相似资产所需支付的现金或现金等价物的金额计量；负债按照现在偿付该项负债所需支付的现金或现金等价物的金额计量。

（3）可变现净值。在该计量属性下，资产按照其正常对外销售所能收到现金或现金等价物的金额扣减该资产完工时估计将要发生的成本、估计的销售费用以及相关税费后的金额计量。

（4）现值。运用现值计量下，资产按照预计从其持续使用和最终处置中所产生的未来净现金流入量的折现额计量；负债按照预计期限内需要偿还的未来净现金流入量的折现额计量。需要提及的是，FASB第7号概念公告中认为现值仅是一个分配方法，对其加以计算是为了探求公允价值，公允价值在FASB的概念框架中是取代未来现金流量现值的会计属性。

（5）公允价值。公允价值计量是指资产和负债按照公平交易中，熟悉情况的交易双方自愿进行资产交换或者债务清偿的金额进行计量。

3. 计量属性的应用

在会计实务中，对不同计量属性的应用情况并不相同。其中历史成本应用于交易或事项发生时的某一项目的"初始确认"。只要该要素在后续期间继续为一个主体所持有而不加以处置，那么，即使资产的市场价格在以后发生了变动，其后可以不必"重新估价"。如果该要素已完全没有使用价值，不再含有未来的经济利益，则对其进行"终止确认"。对历史成本的采用无须后续计量，这样可以节约会计信息加工的成本。

对于其他如现行成本、公允价值等计量属性而言，也都可以应用于交易或事项发生时对某一要素的"初始计量"，在这些要素完全或部分丧失经济利益时，也同样需要进行部分或全部"终止确认"。但与历史计量属性不同的是，应用这些计量属性时，在后续年度都需要进行"后续确认与计量"，即每年都需要重新估计现行成本、公允价值等。作为对外会计,以财务报告的形式有效地向外部使用者提供合乎要求的会计信息是其最终的目的所在。按照 FASB 概念框架的观点,"财务报告的编制不仅包括财务报表,还包括其他传输信息的手段,其内容直接或间接地与会计系统所提供的信息有关"。

无论是财务报表还是其他财务报告都是用来向资本市场的投资者表述并传递与特定主体的财务状况、经营成果和现金流量相关,并且对决策有用的信息的手段。

其中财务报表分为表内和表外附注两大部分,都要遵循公认会计原则(GAAP),并应经注册会计师审计。在财务报表内进行表述实质是"后续确认"的过程,即遵守相应确认的基本标准,对初始确认形成的日常会计记录进行后续确认,以文字说明与数字相结合的方式形成财务报表的主体,即表内内容。附注也是财务报表的一个组成部分,但是不同于表内,它可以只采用文字说明,并且在不更正表内确认的内容基础上对其进行解释或补充说明。为了区别,在附注中的表述被称为"披露"。在附注中披露的信息通常包括两部分:①法定要求披露的信息;②企业管理当局自愿披露的信息。其中法定要求披露的信息来源又有两个:一是会计准则,在会计准则中除了对确认和计量进行规范外,还会指出应当披露的事项(主要在会计报表附注中);另一个来源于证监会颁布的披露准则,不过一般仅适用于上市公司。

至于其他财务报告进行的信息披露主要是由财务报表的局限所引起的。正如 FASB 在第 1 号概念公告中所指出的:"某些有用的信息用财务报表传递较好,而某些信息则通过其他财务报告的形式更好。"在其他财务报告中披露的信息可以不受 GAAP 的限制,也可以不经过注册会计师审计,但是要求请注册会计师或者相关专家审阅。

回顾财务报告的发展过程,会发现财务报告的主体的变化较小,而报表外的各种补充说明和解释却越来越多,财务报告全文的厚度日益增加。尽管如此,人们发现不断扩容的财务报告仍然不能准确、可靠地反映企业的经营风险和业绩,加强信息透明度仍然是资本市场的一大呼声。

我国参照国际惯例,在 2006 年 2 月出台了第 30 号具体会计准则——《财务报表的列报》。要求财务报表至少应包括五个部分:资产负债表、利润表、现金流量表、所有者权益(或股东权益)变动表以及附注,其中附注形式不能替代应有的确认和计量。

第三节 会计规范

一、我国会计规范的基本构成

自从改革开放以来，我国已经完成了从计划经济体制向市场经济体制的转变。目前已经初步建立了以《会计法》为核心、以行政法规以及部门规章制度为支撑的会计规范体系。

这一体系主要由以下三个层次构成：最高层次是由全国人大常委会颁布实施的《中华人民共和国会计法》（以下简称《会计法》）；第二个层次为国务院规定的有关会计工作的行政法规，如《企业财务会计报告条例》《总会计师报告条例》等；第三个层次为财政部制定的有关会计核算和会计工作的部门规章和规范性文件等会计标准，包括《企业会计准则》《企业会计制度》《企业会计制度补充规定》《会计制度的问题解答》等。

除上述外，在其他法律法规、规章制度中也有部分内容构成了对会计法规直接或间接的支持。如《公司法》《证券法》《商业银行法》《刑法》以及证监会颁布的一系列信息披露规范。

二、会计法

《会计法》于1985年1月21日首次颁布施行，是新中国第一部专门规范会计活动的重要法律。1993年12月29日经第八届全国人大常委会第五次会议修正，后又于1999年10月31日经第九届全国人大常委会第十二次会议修订后由国家主席令下令公布，于2000年7月1日起施行。《会计法》全文共七章，包括总则、会计核算、公司企业会计核算的特别规定、会计监督、会计机构和人员、法律责任和附则，具体又分为52条，以规范会计实务。

《会计法》是一切会计工作的根本大法。国家、企事业单位、社会团体以及个体工商户和其他组织都必须遵守《会计法》，进行会计实务工作。其他会计规范如会计制度和会计准则的制定都必须以《会计法》为依据。除了规范会计实务，《会计法》的颁布与施行对提高财务会计的质量也起到了积极的作用，具体表现在以下几方面：

1. 对会计信息的真实性提出强制要求。《会计法》重点强调了会计信息的真实完整，严格禁止虚假信息。如在第二章第九条中规定"各单位必须根据实际发生的经济业务事项进行会计核算，填制会计凭证，登记会计账簿，编制财务会计报告。任何单位不得以虚假的经济事项或者资料进行会计核算"。其余类似的规定如第八条、第十二条和第二十条。这些规定表明会计信息的真实性是财务会计实务的根本价值之所在，通过法律形式来严格规定十分必要，如果会计实务反映了虚假的经济业务并产生了虚假的会计信息，必须承担各种法律责任。

2. 强调会计监督的作用。《会计法》强调的会计监督包括内部监督和外部监督。在第二十七条里明确规定了各单位应当建立健全本单位的内部会计监督制度，并提出了内部会计监督制度的具体要求。在第三十三条里又规定了下列机构对企业实行外部的会计监督，包括财政、税务、人民银行、证券监管、保险监管等部门。通过会计监督，会计实务受到了内部和外部的双重约束，能够提供更加真实完整的会计信息。

3. 明确规定了单位负责人对财务欺诈的经济责任。我国的会计信息失真问题，单位负责人难辞其咎。《会计法》第四条明确规定单位负责人对本单位的会计工作和会计资料的真实性、完整性负责。该规定实际上对授权和唆使会计人员造假的行为予以了坚决打击，扭转了原先会计人员作为替罪羊对会计信息失真承担完全责任的不公现象，有利于解决会计信息失真的实际问题。

4. 特别关注上市公司的会计行为。随着资本市场，尤其是证券市场的不断成熟，上市公司的规范问题越来越突出。《会计法》对上市公司的会计行为十分关注，如对公司收入、成本和利润的核算做出了不得偏离经济业务实质的规定。该规定实际上对上市公司的利润操纵行为进行了广义上的规范，并强调了会计制度对公司制企业的约束作用。

三、会计准则体系

（一）我国会计准则的演变

各国的会计准则的发展史表明，会计准则与资本市场之间存在着非常密切的关系。在中国上海和深圳两个证券交易所正式建立之前，股票通常通过柜台进行交易，卖方市场是当时的特征，利用会计信息指导决策的需求还未形成，因而对会计准则需求也不迫切。

到了20世纪90年代初，随着我国经济体制的改革，客观上要求将企业作为一个独立的市场经济主体，以会计信息的形式将其财务状况和经营成果等向外部使用者传达。在这种外在要求下，我国于1992年颁布了《企业会计准则——基本准则》。由于基本准则更多起到的是一种解放思想的作用，实际上给当时的会计实务并没有带来多大的影响，会计实务的"自主性"特性仍然很强。为了改变这种状况，财政部于1993年下半年集中力量进行了具体会计准则的制定。截至1996年1月共发布了6批29项具体准则的征求意见稿，但由于没有得到相关部门的批准，一直没有形成真正有约束力的会计准则。

基于我国制定的"以国际化为主兼顾中国特色并逐渐向国际化演进"的会计准则制定策略，我国一直在积极实施会计准则国际化。在充分考虑国际惯例及我国具体国情的基础上，财政部于2006年2月起陆续出台了新会计准则系列（包括1项基本会计准则、38项具体会计准则以及若干项应用指南）。

目前形成的企业会计准则体系是由基本准则、具体准则和应用指南三部分所构成。其中，基本会计准则是纲，在整个准则中起统御作用；具体会计准则是目，是依据基本准则原则要求对有关业务或报告做出的具体规定；应用指南是补充，是对具体会计准则的操作指南。该准则系列已于2007年1月1日起在上市公司范围内执行，同时也鼓励其他企业参照执行。执行该企业会计准则的企业不再执行原先的会计准则、企业会计制度和金融企业会计制度。

（二）会计准则的特点

从基本面看我国会计准则体系，可以发现，此次形成的新会计准则体系是在充分考虑我国基本国情的同时，参照了国际财务报告准则的基础上制定的。其目的之一在于使在此准则体系下编制的财务报表能够更加公允地反映企业的内在价值。不仅强化了为投资者和社会公众提供对决策有用的会计信息的新理念，实现了与国际惯例的趋同，还首次构建了比较完整的有机统一体系，并为改进国际财务报告准则提供了有益借鉴，实现了我国企业会计准则建设新的跨越和突破。正如IASB主席戴维·泰迪所说："中国企业会计准则体系的发布实施，使中国企业会计准则与国际财务报告准则之间实现了实质性趋同，是促进中国经济发展和提升中国在国际资本市场中地位的非常重要的一步。"

此外，我国会计准则体系还具备一些其他特点，主要表现在以下几个方面：

（1）约束力来自强制性的行政命令。会计准则制定权力的归属方有政府和民间之分。如美国等会计准则由民间组织制定的国家，会计准则更像是一种协调经济利益的机制，其制定过程中包含着相关利益集团的政治协商，因此属于制度层面的产物。我国的会计准则由财政部门统一制定，大大减少了政治协商的成分，其规范的约束力来自强制性的行政命令，在执行时具有无条件的特点。

（2）强调会计核算反映经济业务的真实情况。现代经济业务日趋复杂，当会计人员面临多变的交易和事项无所适从时，会计准则能给会计人员以技术提示和统一的标准，提供提示和标准的目的在于使会计信息能够反映经济业务的实质。强调会计核算反映经济业务的真实情况对于会计信息的质量意义重大，反映经济业务的真实情况涵盖了对会计信息相关性和可靠性的综合要求。

（3）执行效果有赖于独立审计和市场监管的配合。各国的会计准则制定方式有所不同，但制定准则都包含同样的目的，即将资本市场内的会计实务规范化。会计准则对于上市公司的规范地位是举足轻重的，但是会计准则执行的效果有赖于独立审计和市场监管的配合，行之有效的独立审计和市场监管可以加大公司不遵守会计准则的违约成本，以此约束上市公司的行为。一般来说，会计准则、独立审计和市场监管的协同作用可以有效维持市场秩序，保证市场的"游戏规则"公平而有序。

四、国际会计准则

经济全球化要求全球资本市场一体化，进而有关统一的全球会计准则的供需问题也被推到了会计理论与实务研究的前沿。我国已经加入了WTO，面临着越来越紧迫的会计国际化问题，了解国际会计准则的演进与发展十分必要。

国际会计准则的制定者——国际会计标准委员会（IASC）建立于1973年，作为一个由各国会计职业团体组成的民间团体，其目标是在协调的基础上制定为各国或各地区所承认并遵守的国际会计准则，由于不具备强有力的政治经济背景，因此初期制定的国际会计准则采取汇集和借鉴各国会计准则和惯例的方式。IASC制定的准则文件包括国际会计准则（IAS）和常设解释委员会解释公告（IAS interpretations），二者的权威性是相同的。

截至1988年，IASC共制定了26项国际会计准则，但这些准则仅仅是各国会计实务的汇总，企业的选择范围很大，在此基础上编制的国际财务报表严重缺乏可比性。在资本市场全球化的浪潮里，这种严重缺乏可比性的准则不仅不适用，而且也给IASC带来了负面影响。为了减少会计备选方法，提高财务报表的可比性，IASC于1989年1月出台了《财务报表可比性》的征求意见稿（E32）。根据E32，在1989年至1995年间，IASC针对已有的会计准则进行修订，大量减少会计备选方法，并首次划分了基准处理法和备选处理法。

IASC在其努力改革的过程中充分尊重了证券委员会国际组织（IOSCO）的意见，与此同时也得到了IOSCO的关注与支持。自1995年起IASC致力于制定一套可以在全球资本市场上使用的"核心准则"。2000年5月，IOSCO宣布已完成对30项"核心准则"的评审工作，并推荐在各国资本市场使用。这一成功极大鼓舞了IASC，其基本目标也由原来的"协调与改进各国会计准则"演变成"制定全球会计准则"。

2001年4月IASC改组，国际会计准则理事会（IASB）应运而生。IASB着手制定并颁布的准则被称为国际财务报告准则（IFRS），相应地，解释公告也被更名为国际财务报告解释公告。IASB具有可以修改或撤销IASC时期颁布的国际会计准则和解释公告的权限，未被IASB修改或撤销的国际会计准则和解释公告仍将继续适用。

可以用"协调→趋同→全球会计准则"的路径来描述IASC到IASB的发展。由于IASB开始强调制定高质量的全球会计准则，它已经从IASC时期的"会计准则协调者"转化为"全球会计准则制定者"，目前正致力于各国会计准则与国际会计准则及国际财务报告准则的趋同。

自20世纪80年代起，与国际惯例充分协调是我国会计改革一直坚持的方向。最初首先体现在1985年颁布的中外合资企业会计制度，进而影响到1992年发布的《企业会计准则》以及随后的13个行业会计制度及《股份制试点企业会计制度》（后来修订为《股份有限公司会计制度》）。自1997年起陆续颁布的16项具体会计准则和2001年颁布的《企业会计制度》也体现了逐渐与国际会计准则缩小差异的改革成果。但是基于国际会计准则规范的大多是成熟市场经济国家的经济业务或事项，因而我国在借鉴与参照的过程中还必须综合考虑现实的经济和法律环境。例如从我国2006年2月颁布的新会计准则体系中可以发现，尽管原来被《企业会计制度》所限制的公允价值已经被有条件地在衍生金融工具、投资性房地产的会计处理中采用，历史成本计量模式仍然是首选的基础模式。

目前我国已经基本实现了与国际会计准则的"实质性趋同"，但这并不意味着就会产生具有可比性的会计信息，因为会计准则的国际化并不能保证会计实务的可比性，因此构建与完善会计准则的支撑环境（如公司治理结构、审计、经理人市场、市场结构以及法律诉讼机制）是实现我国会计国际化的必要条件。

第二章 互联网时代财务会计人才对技术与方法的创新

第一节 "互联网+"时代预算管理创新

一、全面预算管理创新

（一）"互联网+"时代全面预算管理的机遇

"互联网+"时代的信息系统将从企业内部出发，利用集成化、价值化、智能化、网络化的管理，借助信息技术实现跨越企业边界，实现真正意义上的客户、企业内部和供应商之间的供应链管理，充分挖掘企业大环境中每一个经济元素的潜在价值以实现盈利。在"互联网+"的背景下，企业财务预算的制定不能再单纯考虑本企业内部的财务活动，而是要全面考虑网络化环境中各个企业之间的关联协作关系，如材料供应企业、产品生产企业、销售网点企业、产品开发、投资管理、决策制定部门等。只有各部门密切配合，才能制定出真正合理、动态的预算，从而达到制定预算的目的。一个企业预算的制定需要协调整个价值链上各节点企业的财务数据和财务计划，即企业的财务预算是以对各节点、关联企业的财务计划的协调和综合为基础进行的。只有这样，企业做出的预算才更具有实际效用，才能为企业的未来服务，才能为企业决策的制定、计划的实施提供参考依据，使企业朝着规范化、标准化的方向发展。

"互联网+"时代的全面预算管理一方面应该和传统的预算管理模式对接，另一方面又应该凸显其网络的功能与特性。①制定全面预算体系。企业的预算管理单位可以将全面预算体系嵌入预算管理信息系统中，然后通过互联网下发给各下级部门；对于下级部门来说，通过网络来接受上级下发的体系并增加本部门的内容。②编制预算。在"互联网+"时代，财务人员在编制预算时主要是制定各种预算规则，将规则做出定义并存储在预算管理信息系统中。以后只需要将一些关键数据填入表中，各种计划表中的大部分数据可以根据前期定义的规则自动生成，这样极大地提高了编制预算的效率和准确性。③实时控制。在"互联网+"时代，利用预算管理信息系统设计了预算体系、编制了各种预算数据，并存放在数据库中。当经济业务（例如某一事件）发生时，该事件实时驱动相应的子系统获取信息，同时驱动预算子系统的控制器接收数据；预算控制器将预算数与实际数进行比较，根据控制方法进行有效、实时的控制。④预算分析。在互联网环境下预算分析是指计算机自动从数据库提取数据，按照分析要求自动生成预算分析结果，如异常分析、预算数与执行数比较分析等。"互联网+"时代，信息利用的价值挖掘也应更加深入。预算管理信息系统可以建立大数据平台，支持海量数据，为企业高层管理者提供强大的决策分析与风险预警信息服务。基于互联网的全面预算管理信息系统还可以通过收集预算部门数据、信息，制作"预算部门基础信息表"，掌握预算部门的收支等具体情况，进一步做好部门预算数据基础，并在此基础上做出科学的考核依据；通过建立关键指标的科学参数、分析数据变化结构和增减趋势，发现苗头性、倾向性问题，及时预警；通过挖掘信息背后有利于企业增收减支、提高效能的因素，推进企业更科学高效地发展。我们可以看到，互联网技术给企业信息化带来的不仅是基础设施的虚拟化、动态和高效率，更重要的是推动了组织架构和流程的优化、经营模式和理念的转变。

（二）"互联网+"时代全面预算管理遇到的挑战

1. 预算管理得不到足够重视

尽管全面预算管理对于企业管理可以起到相当大的积极作用，但是仍然有些企业管理层不重视预算管理，甚至没有实施预算管理等相关工作。这些企业认为预算管理费时费力、操作烦琐，执行考核形同虚设。他们对于传统的预算管理尚且有如此看法，更不要说引入互联网模式的全面预算管理了。我们认为，要解决这个问题，一方面，要使企业的管理层真正重视预算管理，使他们能够看到实施预算管理带来的企业效益的增加和管理的提升；另一方面，也要使企业的预算管理变成一种易于操作和执行的工作，这样才会让企业有动力去实施。这就对企业的全面预算管理软件提供商提出了新的课题，即如何开发简便易用、通用性强并且性价比高的软件。毕竟，大部分企业并不具备自行开发设计全面预算管理信息系统的条件。

2. 企业信息化建设滞后

企业的信息化建设是互联网技术大规模应用的必备条件。目前，一些企业信息化建设还跟不上时代发展的步伐。特别是我国一些中小企业，企业管理信息化程度十分低下。企业的信息化建设是一个人机合一的有层次的系统工程。企业信息化的基础是企业的管理和运行模式，而不是计算机网络技术本身，其中的计算机网络技术仅仅是企业信息化的实现手段。企业信息化的关键是企业中的人员可以充分地将信息化执行下去，没有人员的执行，根本无法谈信息化，所以，企业信息化的基础还是以人为基础的信息化。而企业信息化的重点就是人与信息化软件相结合，才能达到最大的效果。企业信息化建设滞后一定会严重阻碍企业各项功能的正常运转，其中当然也包括财务管理的各项职能。

3. 缺乏具备相关专业技能的人员

信息化条件下，对企业财务人员的知识结构有了新的要求。财务人员不能只掌握过去所学习的各项专业知识，还必须具备相应的网络和应用软件知识。这些知识就包括更为丰富的计算机操作、数据库、网络等一系列信息技术知识。"互联网+"时代，财务人员既是信息系统的使用者，同时也是系统的维护者。管理信息系统是一个人机系统，人居于主导地位，因此，必须提升相关操作人员的素质，让操作人员具备与管理信息系统相适应的思想观念和熟练的计算机操作技能以及数据库、网络技术及计算机软件设计、操作等一系列新技术和新知识。但是，目前大部分企业的财务人员素质参差不齐，特别是一些资格较老的财务人员，对于网络和计算机知识普遍比较缺乏，这些都给企业实施互联网模式下的全面预算管理带来了一定的难度。

综上所述，2015年开始的"互联网+"模式为全面预算管理注入了新的活力和创新动力，机遇与挑战并存。"互联网+"是一场信息革命，其核心不仅仅是技术革命，更重要的是服务理念和服务模式的革命，"互联网+"所强调的创新、共享、协同和服务正是全面预算管理模式的发展方向。

（三）"互联网+"时代全面预算管理创新

1. 提供可靠数据基础，创新预算管理模式

互联网引发企业商业模式的转变，销售预测也由原来的样本模式转变为全数据模式。随着网络技术的发展，非结构化数据的数量日趋增多，在销售预测中仅根据以往销售数据的统计分析只能反映顾客过去的购买情况，难以准确预测其未来的购买动向，因此，企业如果能将网络上用户的大量评论收集到数据仓库，再使用数据挖掘技术提取有用信息，就能对下一代产品进行有针对性的改进，也有助于企业做出更具前瞻性的销售预测。

在预算管理方面，"互联网+"可以为建立在大量历史数据和模型基础上的全面预算

的合理编制和适时执行控制，以及超越预算管理提供重要的依据。在实施责任成本财务的企业，成本中心、利润中心和投资中心根据大数据仓库的数据和挖掘技术编制责任预算，确定实际中心数据和相关市场数据，通过实际数据与预算数据的比较，进行各中心的业绩分析与考核。"互联网+"有助于作业成本管理的优化。由于作业成本法能对成本进行更精确的计算，但其复杂的操作和成本动因的难以确定使得作业成本法一直没有得到很好的普及。"互联网+"时代数据挖掘技术的回归分析、分类分析等方法能帮助财务人员确定成本动因，区分增值作业和非增值作业，有利于采取措施消除非增值作业，优化企业价值链。

2. 针对差异化市场，实施精准智能预算

"互联网+"时代，给企业提供了使用数据创造差异化市场的机会。"互联网+"为更多服务创造了机会，这将提升客户满意度。"互联网+"使得直接面对客户的企业运用数据细分市场、定位目标客户、实现个性化市场提供成为可能。制造商也能利用从实际产品使用者获得的数据改进下一代产品开发，创造新的售后服务。在制造业，整合研发、供应和制造单位的数据以实现并行生产，能显著减少从产品制造到市场销售的时间，并提高质量。

"互联网+"能使企业创造高度细分的市场，并且通过精确调整产品和服务以满足这些需求。营销部门使用社交媒体信息，能从过去的客户抽样分析转变为全数据集分析，从按人口特征细分市场转变为一对一营销，从基于历史数据的长期趋势预测转变为对突发事件近乎实时的反应。一些日用消费品和服务提供商已开始使用更加成熟的互联网技术，如实时的客户微细分，对企业的促销和广告进行精准定位。企业充斥着由交互网站、在线社区、政府和第三方数据库获取的客户信息，先进的分析工具能实现更快、更有效和更低成本的数据处理，并创造出开发新洞察力的能力。由此，企业通过不断满足客户差异化需求、提供具有前瞻性的服务等手段，建立更加亲密的客户关系。

全面预算是对企业未来一定时期内生产经营活动的计划安排，通常以过去资料为基础制定预算。然而，市场处于不断发展变化过程中，依赖企业自身历史数据构建的全面预算存在着很大的不确定性，最终通常流于形式，不能切实有效地执行。互联网能够帮助企业及时掌控企业目标市场中的用户、产品、价格、成本等信息，辅助企业高效实施全面预算管理，并根据市场变化及时调整预算，真正实现企业的个性化经营，提高对市场风险的应对能力。另外，"互联网+"时代，能让企业多渠道获取信息，实现精准成本核算。成本核算是对企业经营数据进行加工处理的过程，传统的成本核算通常发生在生产过程之后，财务人员将一定时期内生产经营的费用总额进行核算，根据产品生产情况分配费用。借助互联网技术，企业能够从多渠道获取成本数据，根据实际生产数据分析、制定生产工艺流程标准及材料用量标准。工资明细、进销存单据和制造费用等结构化和非结构化资料能够在信息系统中实现实时共享，使成本核算更加细致、精确，便于进行更深入的品质成本分析和重点成本分析，实现精准成本核算。

"互联网+"时代，企业根据消费者和企业策略的数据，利用商务智能新技术，开发出各种决策支持系统，从而对市场关键业绩指标进行实时监控和预警。移动性智能终端与社会化互联网使企业可以实时获得消费者和竞争者的市场行为，并做出最快的反应。企业营销活动成败的关键在于是否对顾客价值进行准确的研发和判断，但由于当前顾客需求差异化、竞争行为随机化的程度不断增强，以及行业科技发展变革速率不断加快，企业实现有效预测已经变得越发困难，然而"互联网+"时代的深入，逐渐使精确预测成为可能。"互联网+"时代是一场革命，庞大的数据资源使管理开启量化的进程，而运用数据驱动决策是"互联网+"时代营销决策的重要特点。事实证明，企业运用"互联网+"时代的大数据驱动决策的水平越高，其市场与财务绩效表现越好。可见，"互联网+"时代通过强化数据化洞察力，从海量数据挖掘和分析中窥得市场总体现状与发展趋势，帮助企业提升营销活动的预见性。因此"互联网+"时代，将市场数据与财务及资本市场数据相结合，确立市场业绩和公司财务绩效的相关性和因果关系，对企业安排最优营销投资和策略具有重大现实意义。

二、"互联网+"时代的滚动预算与弹性预算管理创新

（一）"互联网+"时代的滚动预算及创新

1. "互联网+"时代提升了滚动预算结果的精准度

编制滚动预算提高整体运营效率，而"互联网+"时代能够更好应对复杂多变的社会经济形势。编制滚动预算目的是动态预测未来运营中市场开拓、资源占用、资金匹配等要素的处理能力契合问题，通过编制预算加强内部控制管理提升整体高效运行，在具体操作上需要确定公司的经营能力，包括财务能力、市场容量、费用政策、业务结构、现金流量分布，以及资金运用安排及固化资产结构。通过上述数据构成来规划未来各环节的管控，而"互联网+"时代，可以通过对同类行业数据的取得和分析，对比海量消费数据来判断外部市场的变化，有利于及时调整预算数据，纠正运营中的偏差，同时运用互联网进

行滚动预算,既可以预测经营中的整体运行效果,又可以有针对性地对市场、成本、人工进行预测,借助外部数据的分析,使经营贴近市场,保证了信息获取的充分性,不会出现因为数据失真导致预算失败的状况。

2. "互联网+"时代拓展了滚动预算预测的涵盖范围

编制滚动预算时,所制定的时间长度和数据细分程度都是借鉴过去以往时段的经营状况来确定的,利用的大多数是内部数据,在时间跨度上更是以年度、季度为单位进行编制。由于传统预算编制方式本身就对数据处理要求复杂,同时在编制中还要假定经营是持续进行的、市场改变是逐步变化的,且业务数量不会瞬间出现极端变化等,而在运营中,各种极端状况都有可能遇到,传统预算剔除了波动情况,导致当经营环境和经济状况出现大幅波动时,预算数据无法跟上市场变化,加上预算时间跨度较大,不能有效纠正预算执行偏差。"互联网+"时代技术的运用,强化了对外部数据的计算分析能力,使经营者更容易把握市场变化的脉搏,缩短预算期间,有利于全面量化分析经营中的各项指标,并更多地分析外部数据为预算服务。利用"互联网+"时代的大数据技术可以大大缩短预算期间,也有利于提升运营的风险意识,加强数据处理的重视程度,使管理层更有意愿从市场反应来编制滚动预算,将分析视角外部化。

3. "互联网+"时代改变了滚动预算的功能重点

传统预算管理重点包括预测计算和能力管理两个模块,通过预测计算确定未来经营趋势,加强管理和内部控制。在执行中,通过数据分析辅助完成经营发展的目标,在分析中,逐步纠正偏差,以加强逐级逐层的控制管理,这样,可以通过对数项的多维组合进行分析比较,找到管理弱点或匹配缺口,继而进行改善,为接下来的产品效益管理奠定基础。因此,传统预算管理更多的是利用内部企业数据进行处理分析,通过加强内控的方式来提升运营效率。"互联网+"时代,将大数据分析纳入滚动预算中,在对大数据量化分析时,更容易发现运营流程的标准模式,以整合出更科学的管理手段来提升运营效率,这样使滚动预算的重点转移到战略管理和市场运营管理上,利用互联网强大的数据库和数据处理能力,在提升传统产业效率和降低其成本的同时,推动企业发展,使其具备大数据能力、基础计算存储能力、数据库检索、语义分析、深度学习等,同时了解自身在整个"互联网+"的生态链中所处的环境和位置,从而有利于经营的准确定位,及时调整运营战略。因此,利用"互联网+"时代的优势编制滚动预算有利于强化滚动预算的战略地位,形成以市场为主导的营销运算分析模式。"互联网+"运用到滚动预算中,不仅增加了全面预算管理的弹性,也使得预测的结果更接近市场的真正需求。

（二）"互联网+"时代的弹性预算及创新

1. 弹性预算法的优点与限制分析

预算不仅是控制支出的工具，也是增加企业价值的一种方法，是各部门工作的奋斗目标、协调工具、控制标准、考核依据，在经营管理中发挥着重大作用。在"互联网+"的环境下，通过改进弹性预算法，克服原有的限制，使预算编制更加准确、有效，预算控制更加精确，预算分析从事后转为事前，促进企业进行更好的预算管理。弹性预算法又称变动预算法、滑动预算法，是在变动成本法的基础上，以未来不同业务水平为基础编制预算的方法，是固定预算的对称，是指以预算期间可能发生的多种业务量水平为基础，分别确定与之相对应的费用数额而编制的、能适应多种业务量水平的费用预算，以便分别反映在各业务量的情况下所应开支（或取得）的费用（或利润）水平。正是由于这种预算可以随着业务量的变化而反映各该业务量水平下的支出控制数，且具有一定的伸缩性，因而称为"弹性预算"。

相比于其他几种预算方法，弹性预算法有个显著的特点，它是按一系列业务量水平编制的，扩大了预算的适用范围，使预算更加接近企业的真实情况，更好地发挥预算的控制作用，避免了在实际情况发生变化时，对预算做频繁的修改。弹性预算是按成本性态分类列示的，在预算执行中可以计算一定实际业务量的预算成本，且更加准确、有效，便于预算执行的评价和考核，在成本费用的预算中应用比较广泛。理论上弹性预算法适用于所有与业务量有关的预算，但是实务中主要用于编制成本费用预算和利润预算。其原因是成本费用预算较其他预算更便于找到变动成本部分和固定成本部分。要准确地找到一个最能代表生产经营活动水平的业务量计量单位，这样预算得出的结果才可能更加接近真实情况。另外，弹性预算法的两种具体方法中，由于实际生产中具体成本项目的复杂性，此公式模型并不能完全符合未来的情况，进而对全面预算的结果造成影响。

2. "互联网+"时代的弹性预算法

"互联网+"时代促进现有弹性预算法改进，能更高效、准确地进行预算，打破原有方法的一些限制。

首先，更准确选择业务计量单位。选择业务计量单位是弹性预算基本的工作。在实务中财务管理人员可能会根据经验和企业惯例来选择适合的业务计量单位。例如，以手工操作为主的车间就应选用人工工时；制造单一产品或零件的部门可以选用实物数量；修理部门可选用修理工时等。在实务中计量单位比较复杂且不容易直观判断，如车间中手工操作与机器耗用相差无几、某一车间制造多种产品等。

其次，公式法下公式的拟合度更高，降低了列表法难度。弹性预算的公式法是运用成本性态模型，预测预测期的成本费用数额，并编制成本费用预算，这样所形成的预算的准确性不高。"互联网+"时代，企业可以利用大数据技术，在成本性态分析的基础上拟合出更好的成本曲线，而不仅仅是对成本性态的分析，更是对已有的海量数据的价值的发掘。在海量数据中提取出需要的业务及它们对应的成本额，用计算机技术把这些数据点描绘在一个坐标图上，作为预算的公式所用。列表法是在预计的业务量范围内将此业务分为若干个水平，然后按不同的业务量水平编制预算。列表法虽可以不必经过计算即可找到与业务量相近的预算成本，但在评价和考核实际成本时往往需要使用插补法来计算实际业务量的预算成本，比较麻烦。大数据技术拟合出的曲线能进行很好的预算，降低了列表法的难度。

最后，加大预算范围。理论上弹性预算法适用于所有与业务量有关的预算。但是实务中主要用于编制成本费用预算和利润预算，即使有些预算如销售预算等，不便于利用成本性态模型分析的预算，可用"互联网+"时代的大数据技术获取以前年度的相关数据建模分析，得出所要的预算，以此来扩大预算的范围。这样可以使预算更加完整，以实现企业的总目标，减少因各级各部门职责不同而出现的相互冲突的现象。

第二节　互联网时代筹资活动创新

一、创新筹资观念——由单纯"筹资"转向注重"筹知"

"互联网+"时代，知识和掌握知识的人力资源将比资本和土地等有形资源为企业创造更大价值，企业要想保持活力以及恰当地应对环境变化，"人"无疑是基础。人之所以重要，是因为其具有学习知识、将知识转换为现实生产力的主观能动性。实践表明，一个企业能否持续发展，关键在于其是否拥有和掌握了新知识和新技术，进而形成其核心竞争力。因此，在企业筹资活动中，所筹集的资本应当既包括财务资本，又包括知识资本，并尽可能多地从外部吸收知识资本，用以改善企业的软环境，同时还应有开发和培育知识资本的意识。这需要创新财务理念，在"以人为本"基础上，形成劳动者权益财务，将拥有创新知识的专业化人才以知识资本作价入股公司，形成所有者权益，将个人的报酬与企业业绩紧密联系起来，形成长效激励机制，激发人才为企业发展献计献策，实现企业价值最大化的财务管理目标；企业也可以以自己的科技实力与其他公司联合，取得充足的资金，研发实现单个企业无法进行的项目。此外，企业还可以利用无形资产进行资本运营来扩大企业规模，包括特许加盟、无形资产抵押贷款筹集资金。

二、拓展筹资工具———利用金融创新产品

"互联网+"时代，动态多变的环境使得企业的经营具有高风险的特征，为了能在该环境中健康成长，企业应改变其传统的筹资方式，选择那些能既易被投资者接受又能分散风险的方式。传统单一的筹资方式缺陷明显：商业贷款的苛刻条件，尤其是银行为满足安全性和流动性要求，更多采用抵押贷款，结果是贷款资金在整个资金来源中所占比重有下降趋势，对于高风险的中小企业，甚至基本上无法获得贷款；在股票筹资中，投资者倾向于有累积股利的可转换优先股；可转换债券的负债和权益筹资的混合属性给投筹资双方带来的灵活性，使其成为债券筹资的创新品种；由商业信用支撑的商业票据受制于工商企业自身的财务状况，其运用将越来越少。

为迎合广大投资大众和企业筹资活动的需要，金融机构会越来越多地推出各种类型的金融创新品种，也成为企业筹资的新方式。目前，由基础金融工具和衍生金融工具所形成的金融产品数不胜数，因为有关合同一项条款的变动就会形成新的金融产品，常见的有期货、期权、货币互换，复杂一点的有房地产抵押贷款债券、债务抵押债券和信用违约掉期等。随着网络银行的普及，其方便、快捷的服务，将企业与金融机构紧密地联系起来，增加筹资工具，可以更灵活地选择筹资方式。

三、拓宽筹资渠道——筹资活动走向国际化

"互联网+"时代，网络技术渗透到经济活动的每个角落，发达的金融网络设施、金融机构的网络服务，使得网上筹资成为可能。遍布全球的网络已将国际金融市场连接起来，一天二十四小时都可以进行交易，已实现了金融交易全球一体化，北美市场、欧洲市场和亚洲市场具有很强的联动效应，各自很难独立兴衰。由此，企业在筹资选择时，所面对的也将是一个全球化的国际市场，各大证券交易所奔赴全球争取客户即是证明。"筹资空间"扩展、"网上银行"开通以及"电子货币"使用，为资本国际流动插上了翅膀，加快了资本在国际的流动速度，但是同时加大了筹资风险。在国际化市场中筹资，由于涉及货币兑换，企业必须关注汇率、利率波动，最好能利用套期工具锁定筹资风险。具体来

说，企业在筹资过程中，同时要学会运用货币互换、远期外汇合约交易、期权交易等创新型金融工具及衍生工具控制相关风险。

四、开发大数据——筹资方式集群创新

"互联网+"时代的筹资，其数量和质量成为企业首先要关注的两个基本因素，也是最重要的方面。企业在保证资金量充足的同时，也要保证资金来源的稳定和持续，同时尽可能地降低资金筹集的成本。这一环节降低筹资成本和控制筹资风险成为主要任务。根据总的企业发展战略，合理拓展筹资渠道、提供最佳的资金进行资源配置、综合计算筹资方式的最佳搭配组合是这一战略的终极目标。随着"互联网+"时代的深入，企业的财务资源配置倾向于"轻资产模式"。轻资产模式的主要特征有：大幅度减少固定资产和存货方面的财务投资，以内源筹资或 OPM（用供应商的资金经营获利）为主，很少依赖银行贷款等间接筹资，奉行无股利或低股利分红，时常保持较充裕的现金储备。轻资产模式使企业的财务筹资逐步实现"去杠杆化生存"，逐渐摆脱商业银行总是基于"重资产"的财务报表与抵押资产的信贷审核方法。在"互联网+"时代，由于企业经营透明度的不断提高，按照传统财务理论强调适当提高财务杠杆以增加股东价值的财务思维越来越不合时宜。另外，传统财务管理割裂了企业内筹资、投资、业务经营等活动或者说企业筹资的目的仅是满足企业投资与业务经营的需要，控制财务结构的风险也是局限于资本结构本身来思考。"互联网+"时代使得企业的筹资与业务经营全面整合，业务经营本身就隐含着财务筹资。大数据与金融行业的结合产生了互联网金融这一产业，从中小企业角度而言，其匹配资金供需效率要远远高于传统金融机构。以阿里金融为例，阿里客户的信用状况、产品质量、投诉情况等数据都在阿里系统中，阿里金融根据阿里平台的大数据与云计算，可以对客户进行风险评级以及违约概率的计算，为优质的小微客户提供信贷服务。

集群供应网络是指各种资源供应链为满足相应主体运行而形成的相互交错、错综复杂的集群网络结构。随着供应链内部技术扩散和运营模式被复制，各条供应链相对独立的局面被打破，供应链为吸收资金、技术、信息以确保市场地位，将在特定产业领域、地理上与相互联系的行为主体（主要是金融机构、政府、研究机构、中介机构等）建立的一种稳定、正式或非正式的协作关系。集群供应网络筹资就是基于集群供应网络关系，多主体建立集团或联盟，合力解决筹资难问题的一种筹资创新模式。其主要方式有集合债券、集群担保筹资、团体贷款和股权联结等，这些方式的资金主要来源于企业外部。大数据可以有效地为风险评估、风险监控等提供信息支持，同时通过海量的物流、商流、信息流、资金

流数据挖掘分析，人们能够成功找到大量筹资互补匹配单位，通过供应链金融、担保、互保等方式重新进行信用分配，并产生信用增级，从而降低了筹资风险。

从本质上讲，大数据与集群筹资为筹资企业提供了信用附加，该过程是将集群内非正式（无合约约束）或正式（有合约约束）资本转化为商业信用，然后进一步转化成银行信用甚至国家信用的过程。大数据中蕴含的海量软信息颠覆了金融行业赖以生存的信息不对称格局，传统金融发展格局很可能被颠覆。如英国一家叫Wonga的商务网站就利用海量的数据挖掘算法来做信贷。它运用社交媒体和其他网络工具大量挖掘客户碎片信息，然后关联、交叉信用分析，预测违约风险，将外部协同环境有效地转化成金融资本。在国内，阿里巴巴的创新则是颠覆性的。它将大数据充分利用于小微企业和创业者的金融服务上，依托淘宝、天猫平台汇集的商流、信息流、资金流等一手信息开展征信，而不再依靠传统客户经理搜寻各种第三方资料所做的转述性评审，实现的是一种场景性评审。阿里巴巴运用互联网化、批量化、海量化的大数据来做金融服务，颠覆了传统金融以资金为核心的经营模式，且在效率、真实性、参考价值方面比传统金融机构更高。大数据主要是为征信及贷后监控提供一种有效的解决途径，使原来信用可得性差的高效益业务（如高科技小微贷）的征信成本及效率发生重大变化。但是，金融业作为高度成熟且高风险的行业，有限的成本及效率变化似乎还不足以取得上述颠覆性的成绩。

传统一对一的筹资受企业内部资本的约束，企业虽然有着大量外部协同资本，但由于外部人的信息不对称关系，这部分资本无法被识别而被忽略，导致了如科技型中小企业的筹资难等问题。通过大数据的"在线"及"动态监测"，企业处于集群供应网络中的大量协同环境资本将可识别，可以有效地监测并转化成企业金融资本。阿里巴巴、全球网等金融创新企业正在进行一种集群协同环境的大数据金融资本挖掘与识别的过程，这实际上是构建了一种全新的集群筹资创新格局。集群式企业关系是企业资本高效运作的体现，大数据发展下的集群筹资创新让群内企业有了更丰富的金融资源保障，并继续激发产业集群强大的生命力和活力，这是一种独特的金融资本协同创新环境。根据大数据来源与使用过程，大数据发展下集群筹资可以总结为三种基本模式，分别是"自组织型"大数据集群筹资模式、"链主约束型"大数据集群筹资模式，以及"多核协作型"大数据集群筹资模式。阿里巴巴、Lending Club代表的是"自组织型"模式；平安银行大力发展的大数据"供应链金融"体现的是"链主约束型"模式，而由众多金融机构相互外包的开放式征信的"全球网"，正好是"多核协作型"模式的代表。

第三节 互联网时代投资活动创新

一、充分利用"互联网+"的优势，提高实业投资收益

首先，要善于洞悉投资机会。在动态的经济环境中，投资机会稍纵即逝，而对机会的把握有赖于企业对自身优势以及外部环境的准确分析，企业可以通过SWOT进行。机会与企业内外部环境的变化密切相关，变化之中往往孕育着巨大的投资机会。人类社会的发展就是一个持续变化的过程，没有变化就没有发展。而人类社会加速发展的趋势意味着变化的加速，不可思议的瞬息万变已逐步成为现实。在这一背景下，把握投资机会的前提是对瞬息万变的企业内外部环境的把握，从看似无序的变化中预测发展趋势，寻找投资机会。对于传统环境下的企业来说，这简直是不可想象的，只有极少数企业有充足的人力、物力及财力来建立信息机构收集来自世界各地的相关信息并进行加工处理，以从中发掘投资机会，但是这样的代价是巨大的，实现这样的信息收集与分析无论是在效率方面还是在效益方面都难尽如人意，即使兴起的专业信息公司，由于其中介性，难以实现与实体企业的需求无缝连接，而作用有限。"互联网+"时代，互联网可以将全球各地的海量信息传输于网络终端，极大地提升了企业挖掘投资机会的能力，并且成本低廉。

其次，利用"互联网+"平台，搞好投资项目管理。在"互联网+"时代，全球经济一体化的进程大大加快，企业跨地区、跨国投资活动迅猛增长，这就提出跨国管理的问题。与本地区或较近区域范围的投资管理相比，跨地区、跨国投资活动中的投资管理有其独特、复杂之处。由于地域范围的扩大，在传统管理模式下，企业管理层要想了解投资项目的详细信息，如货币资金使用、存货周转、应收账款收回以及企业行政管理等方面，与本地投资项目相比，就要困难很多。虽然在互联网出现之前，企业管理中各种通信技术的运用在一定程度上能够实现远程管理，但是这些通信技术支持的投资管理存在时滞问题以及高成本的问题。相比较而言，"互联网+"时代的技术是一种更先进的通信技术，将其运用于企业管理之中可以实现实时远程监控，既有文字、数字信息，还有影像信息，这为缩短监控时滞、提高监控效率提供了技术上的保障。这一技术的保障一方面能够提高企业跨地区、跨国投资项目管理质量；另一方面，由于这一技术的运用，企业为管理同一投资项目所需花费的人力和财力都大大减少，这样，企业就可以有更多的时间和精力来实施其

他投资项目,这会促进企业增加对外投资量,在保证投资管理质量的前提下,追加投资数量。

二、优化产权结构

企业进行产权投资的目的在于取得被投资企业的控制权或部分产权。传统经济形式下产权投资以实业投资要素的部分或整体集合为投资要素,兼并、收购、参股、控股等是其主要的股权投资形式。在"互联网+"时代,企业进行产权投资应注意以下新变化,把握投资机会。

(一)组建"虚拟企业"优化产权结构

在传统的经济环境下,企业通常采用纵向一体化的方式保证企业与其存货供应商、分销商之间的稳定合作关系。纵向一体化通过企业投资自建、投资控股或兼并等方式来控制对向其提供原料、半成品或零部件的企业及分销商,即以"产权"控制为纽带来稳定核心企业与其供应商及分销商之间的合作关系。应当说,在市场环境相对稳定的情况下,这种纵向一体化有助于强化核心企业对原材料供应、产品制造、分销及销售的全过程控制,使企业在激烈的竞争中处于主动地位。但是,随着"互联网+"时代的到来,企业的经营环境发生了巨大变化,突出表现是企业所面对的是一个瞬息万变的买方市场,在此背景下,企业对未来的预测越来越不准确。与此相应,企业要想保持其在市场竞争中的主动地位,就必须具有能够对市场中出现的各种情况做出快速反应的能力,而以往的纵向一体化的模式显然难以实现这一目标。因为在以产权为纽带的模式下,核心企业与其供应商及分销商之间形成的是一种非常稳固的长期关系,而稳固的关系是建立在为把握以往的经验市场机会基础上的。当这种市场机会不复存在时,或者企业因需要适应新的市场需求而另起炉灶时,解除这种稳定关系绝非易事。基于此,组建虚拟企业成为网络经济环境下企业的必然选择。"虚拟企业"是企业适应市场需求,放弃过去那种从设计到制造,甚至包括销售都由自己一体来实现的经营模式,而在全球范围内寻找适当的供应商及分销商,通过与它们建立伙伴关系而结成利益共同体,形成战略联盟,是一种松散的暂时性合作组织,在相关的市场机会消失时就解除,这样组织成本比纵向一体化的运作要低得多。而互联网、大数据为企业寻找合作伙伴提供了广阔空间,因此,组建"虚拟企业"是网络经济时代产权投资的重要形式。

（二）无形资产在产权投资要素中的比重提高

无形资产的巨大潜力使其在网络经济中发挥着重要作用，企业接受的投资也出现无形化的趋势。知识已经转化成资本，成为企业生产和再生产过程中不可或缺的要素。企业在进行产权投资时，运用知识产权等无形资产形式将越来越普遍，从而在整个产权总量中，无形资产所占比重呈上升趋势，这就提出了加强无形资产投资管理的问题。目前，新成立的一些企业，给具有技术特长、开拓创新能力强的人员一定比例的技术股，因这些人的知识技能、潜能会给企业未来带来经济利益的流入。

（三）交叉持股，形成紧密的资金联合体

现代经济是建立在分工基础上的，经济越发展，分工越细化。为了获得最大效益，企业与个人均在其具有比较优势的领域从事经营活动。"互联网+"时代，企业之间、人与人之间便捷的沟通为分工与合作提供更大的发展空间。这也促使企业及个人寻找自身优势即核心能力，从而在经营中取得比较优势。针对某一企业而言，在确定自己的核心能力之后，就应当发挥其核心能力去从事相应的经营活动，对于其他业务则交由其他企业去完成。在这种思路下，企业的分工合作关系将被赋予新的内涵，形成分工合作关系，即企业之间的战略联盟或伙伴关系。企业的产权投资活动也将围绕这一中心展开，而要实现这种战略联盟或伙伴关系，签订协议是一种方式，而交叉持股既是一种传统的模式，也是一种各方相互牵制的重要方式。

三、进行证券和基金投资

"互联网+"的发展将全球金融市场连接起来，为投资者提供实时信息查询、实时交易的渠道，促进了证券和基金市场的发展，也为企业的闲置资金提供用武之地。

（一）投资品种丰富

网络平台加上金融工程为投资者创造了丰富多样的金融产品，使企业在从事闲置资金管理时有了更大的选择空间。投资品种的丰富，一方面可以使企业通过选择证券和基金投资组合分散投资风险，另一方面也使企业的投资活动日趋复杂，需要谨慎管理。

（二）投资的区域范围扩大

在全球经济一体化的背景下，为企业筹资及投资者服务的资本市场亦呈现出国际化的

趋势。目前，发达国家的主要交易所都已经发展成为国际性的交易所，吸引国外公司上市。与此同时，越来越多的企业选择海外市场作为筹集资金的对象，越来越多的投资者参与国外投资。"互联网+"时代，市场的国际化步伐进一步加快。一方面，国际互联网的普及使投资者能够便利地查询世界各地上市公司的财务状况、经营状况等信息，还能了解各国的宏观经济政策及其他影响证券和基金市场的因素；另一方面，互联网技术在证券和基金交易中的运用，使得投资者在家里就能投资于其他国家和地区。

（三）网上业务优于传统业务模式

"互联网+"时代的发展不仅使证券和基金市场具有新的特征，同时，它也运用网络，开展网上交易的新证券业务模式，从而改变了企业证券投资形式。网上证券业务是以互联网为交易平台，在互联网上就能实现从开户、委托、支付、交割到最终清算等的整个证券交易过程，投资者还能在线获得与证券交易有关的资讯服务，例如腾讯财付通与多家金融机构合作为投资者提供的微信和QQ理财通，就是"互联网+"时代方便快捷的网上投资模式，既有货币基金、指数基金，也有证券业务和保险理财，相对于传统的证券业务模式，网上投资业务的优势有以下四方面：

1. 成本低廉。在传统投资业务模式下，经纪商作为交易中介，其在经营证券等业务的过程中将发生人工成本、场地成本、水电费等许多费用，而这些费用在网上证券业务模式下，由于人员的减少、场地占用小等，就会大大下降。在竞争激烈的市场中，由经纪商成本下降所带来的收益将由经纪商和投资者分享，这体现为与传统证券业务模式相比较的成本优势，这一优势也是促使投资者积极采用网上交易的重要动力。

2. 便利程度高。投资者无论在何时何地，只要能通过计算机或手机终端连接互联网，就可以非常便捷地通过互联网获取相关信息，做出证券或基金买卖决策，并通过移动互联终端操作实施，其便利程度的提高是网上投资业务迅速发展的重要原因之一。

3. 投资交易相关资讯服务全面、快捷。对于投资者来说，科学合理投资的前提是拥有据以分析进而做出决策的相关信息。网上业务的开通，投资者可以通过移动终端随时获取即时资讯以及相关机构的分析报告，这些信息的获取在很大程度上为投资者的投资决策提供依据。与传统投资业务模式相比，资讯优势也是网上业务对投资者具有极大吸引力的一个方面。

4. 个性化的投资咨询与服务。上市公司、基金公司、证券公司、证券交易所以及监管部门都可以通过开设网站，提供投资咨询与服务业务，提供软件，让投资者根据其风险的偏好、期望的投资报酬率等，结合其资金量，为其量身推荐投资组合，实现投资者的增值目标，甚至可以通过网上交互平台，实施适时互动沟通，在网上为投资者提供投资服务。这也是网上业务比传统证券业务模式有优势的重要方面。

对"互联网+"时代的企业证券或基金投资者来说，上述网上业务的优势，无疑是很有吸引力的。随着网上业务服务内容的增加以及服务质量的提高，关键是网络安全性程度的保障下，网上交易方式必将成为许多企业进行投资时的重要选择方式。

第四节　互联网时代分配活动创新

一、虚拟企业的利润分配

如前所述，"虚拟企业"尤其是以某一短期合作项目为目的的"虚拟企业"只是一种临时性的行动组织，其利润分配政策也应突出这一特点。对传统企业来说，制定其利润分配政策的关键是确定利润的分配比例，即股利支付率。并且传统企业基于长期可持续发展的考虑，会将企业当年实现的利润留存下来，以备扩大经营规模，并且现金流不足时也会不分配或者推迟分配，《公司法》也规定了无利不分的基本原则。而短期"虚拟企业"作为一种短期的动态联盟，在相关项目合作完成之后，即会宣告解散。因此，该类企业在确定利润分配政策时，就不需要考虑企业的长远发展，将其所获得的利润全部分派，即其存续期间股利支付率可达百分之百，更为激进的是，其还可以参考递耗资产的处理方法，即在发放股利时退回部分初始投资。

二、利润分配的基础——"知本"

"互联网+"时代，知识已成为推动经济增长的重要动力，在现实中，通过掌握一定知识的人转化为人力资本或其他无形资产，同物质资本一起参与价值的创造，并且知识已成为比物质资本更为重要的生产要素，就必然要求同物质资本一起参与分配，即人力资本拥有者除获得工资外还要求享有一定的剩余索取权。人力资本主要以股份支付计划的形式参与利润的分配，这在西方国家已很普遍，并日益成为企业高管及重要人员的主要收入来源，我国相关配套政策《中华人民共和国公司法》《上市公司股权激励管理办法试行》《股份支付准则》等已经出台，为人力资本参与分配提供政策依据。

三、知识资本的利润分配形式

"互联网+"时代，知识资本由于其对利润贡献的加大，相应地，对其分配的比例也会加大，具体分配形式有版税、专利及专有技术、品牌商标、技术入股等，它们有不同的适用对象，分述如下：

（一）对著作权产品采用版税形式

版权是知识产权的重要组成部分，而版税是针对版权支付的一种报酬形式，它是指著作权人或所有者享有作品的财产权益，通常按著作出版发行的销售收入的一定比例来提取。工程设计、剧、曲艺、舞蹈作品，美术摄影作品，电视、电影、录像作品，工程设计、产品设计图纸及其说明，地图、示意图等图形作品，计算机软件等。

（二）对发明等采用专利权及非专利技术形式

专利指发明人对其发明创造拥有所有权、使用权、制造产品权、销售产品权和出口产品权，包括发明专利、实用新型专利和外观设计专利。专利体现了知识资本拥有者享有在其转让过程中的经济价值，明确了发明人的经济财产权。

非专利技术，也称专有技术，是指从事生产、商业、管理和财务等活动的一切秘密知识、经验和技能，包括工艺流程、公式、配方、技术规范、管理和销售技巧与经验等。非专利技术的特殊之处在于其不为外界所知，并且不享有法律保护，靠自己保密来维持，但是与其他的知识资本一样，可以给企业带来经济效益。

专利及非专利技术都是知识资本常见的分配形式，一般来说，它们通过两种途径参与利润的分配：一是一次转让，由专利及非专利技术的购买者在使用专利获得超额利润之前，就将利润支付给专利及非专利技术所有者，对专利权人来说，就是一次性获取专利及专有技术转让费，这样专利出让者就不承担专利及非专利技术的市场风险，也不享有其以后的市场价值增值。二是转让使用权，企业将所拥有的专利及非专利技术的使用权让渡给他人，通过收取租金参与利润分配。出让者与受让者均可以使用出让的专利及非专利技术，即各方有条件地使用，其特点是风险大，同时回报也比较高，让市场收益检验其知识资本的"含金量"。

（三）对商标等采用特许权形式

商标是企业产品服务特性的外在标识，它体现了企业生产经营管理的理念文化等，是企业长期积累的结果，能够为企业树立良好的社会公众形象，从而实现其价值。其参与利润分配的形式主要是转让收入、收取品牌和商标使用费。

（四）技术入股

技术入股权是指以技术发明和技术成果等经评估作价作为投入要素，享有企业权益，以其为依据享有收益权的一种利润分配形式。从理论上讲，经营管理经验、特有技能等都可以作为智力资本投入要素分享企业股份及其收益。技术股权是知识资本分配的一种较高级的形式。技术发明的魅力，不仅在于现实回报，还在于价值增值的长期回报，更在于股权的回报。

（五）股票期权制度

股票期权，是指赋予持有者在一定时期内购买一定数量公司股票的权利。持有股票期权的人员可以在规定的时期内以合约约定的行权价格购买标的公司的股票，这一购买过程称为行权。既然是一种权利，若行权期内公司的现行股价低于其行权价，持有人就可以放弃，此时，持有人不会有任何现金的损失。而如果行权期内公司股票市价高于行权价格，则两者的差价即是期权持有人的现金净收益（扣除交易费用）。根据期权性质（欧式或者美式期权），持有人在满足行权条件的期间内可以自行决定行权的时间，行权后，符合条件就可以转让所得股票。股票期权产生于20世纪70年代，普遍使用则是在20世纪80年代，它是股份分配形式的发展，其重要特征是公司通过无偿赠予股票期权的形式，将企业利益与员工承担的经营风险联系起来，激励员工努力工作获取收益分配的同时为企业创造价值，这种分配形式将成为"互联网+"时代知识资本参与利润分配的重要形式。

股票期权主要有股份认购期权、限制性期权、股票升值权、"影子"股权等形式。股份认购期权，是指赋予企业员工在一定时期内完成事先约定的经营目标按约定价格认购一定数额的股票的权力。当企业股票市场价格上升后，持有人可以通过行权、出售获得行权价与市场价之间的价差。限制性期权，是指在行权时必须具备某些限制性条件的期权，包括期限限制或业绩限制条件。股票升值权，是指把股票期权的兑现条件与企业绩效指标挂钩。当企业效益上升时，可按股票升值部分兑现奖励。"影子"股权，是指企业按照确定给职工的股票期权数量，发给员工"股票券"，而不需要员工购买与期权数量相应的股票数量，但是，当股票增值时，"影子"股票则可像股票期权一样，持有者有权获得股票差价的现金收入。

"互联网+"时代呼唤财务管理的创新,"互联网+"时代的经济环境相对于传统经济环境而言,最大的变化是网络技术的广泛运用,这改变了财务管理的环境。从"电子政府"、网络税收征管、家庭办公、网上购物、电子商务的开展、"虚拟企业"的组建到远程控制等新事物都是建立在互联网的基础上。互联网的特性使得网络经济具有虚拟性、动态性、知识性、国际性、时效性等特点。环境条件的改变促使企业创新财务管理活动各环节,以适应时代要求。"互联网+"时代,企业财务管理活动的全面创新依赖于网络信息资源和网络技术的充分利用,将网络技术应用于财务管理的各环节,提升其为企业创造价值的地位。

第五节 互联网时代财务报告创新

一、"互联网+"时代传统财务报告模式面临的挑战

(一)网络空间财务主体的多元化和不确定性

在"互联网+"时代,出现了大量的"互联网+"的网络公司或者运用互联网平台重新构建产业链的企业,企业经营业务灵活多变,因此,网络里的虚拟公司业务随时产生,但随着业务的完成,虚拟公司也能随时消失,传统财务报告模式基于持续经营的假设,无法适应这种快速短暂的经营活动,使得传统的财务报告不能适应"互联网+"时代的经济发展需求。

(二)"互联网+"时代企业的周期变化

传统的财务报告基于企业持续经营的基础,但是互联网不仅加快了信息传播的速度,还缩短了企业的生产周期,加剧了企业经营活动的风险。在此种情况下,企业的利益相关者需要及时了解企业的相关经营状况,随时掌握有助于他们做出决策的信息,因此传统的基于财务分期而进行的定期编制的财务报表无法跟上时代的发展要求。

(三)"互联网+"时代的财务信息范围变化

随着互联网技术的发展,人类进入网络经济时代,信息使用者需要获取企业更多的信

息，但由于传统财务报告模式单一地使用货币计量下的财务信息，无法满足时代发展的需要。信息使用者期待通过财务报告获取更多有利的信息，既包括货币信息，也包括非货币信息，为他们的决策提供重要的参考意义，例如企业外部环境、企业人力信息、企业地理环境等。因此，"互联网+"时代的财务报告需要改善计量手段，扩充财务报告的信息容量，不断增加非货币信息，为信息使用者提供更加全面系统的财务信息。

（四）"互联网+"时代的财务信息及时性的要求

财务的价值基于信息用户能及时获得财务信息的假设，如果财务信息获取不及时，那么财务信息也就没有价值可言。传统的财务报告模式主要是以中报、年报的形式提供财务信息，因此信息披露呈现间断性。而在互联网时代，企业经营互动连续性不断增强，网络空间的经济交易更加容易产生，因此交易活动的不断产生也促使财务信息连续不断地产生。随着互联网技术的发展，传统财务信息的及时性遭受严重的打击，无法满足信息用户的需求。

二、"互联网+"时代财务报告创新的必要性分析

（一）财务信息化革命催生财务报告模式改革

目前，越来越多的企业运用计算机、网络、通信、数据库技术、云技术、大数据等现代信息化技术对传统财务模式进行改造和重构，并高度整合财务资源构建现代化的财务信息系统，因此，财务报告的产生方式以及传播媒介发生了重大变化，财务信息之间出现严重的供需矛盾。这种矛盾加速财务信息供给方和需求方之间在信息披露方面要求以一种更加创新的方式呈现，否则难以解决这种矛盾，由此"互联网+"时代财务报告模式改革势在必行。

（二）实现财务信息数据及时共享的需要

企业通过互联网提供标准化源数据，实现财务信息数据及时共享。在"互联网+"时代，财务信息的传递通过互联网能够实现快速更新，对于信息需求者来说，能够通过互联网及时、有效地获取最新信息，并在网络环境下构建财务信息系统，实现在线财务报告的及时更新。在线财务信息处理系统能够及时收集和处理企业各项交易事项产生的数据，并及时将处理结果传递给财务报告系统，而且企业内外部信息使用者能借助在线财务报告随

时了解企业财务状况，使财务信息达到自动化。同时有关财务信息数据的传递均能通过供需双方收发电子邮件或由需求方登录供给方的网站进行访问，以获得充分的财务信息，保证了财务信息的及时性。

（三）减少资源的消耗和节省人力成本

企业在日常财务工作中，所有传统的账务处理从凭证的取得、填制到有关的账项调整，再到最终财务报表的生成、财务报告的发布，如不借助网络，其发布的时间不仅会受到限制，而且还会浪费大量的资源，并且无法实现信息资源的共享。如果通过网络进行财务报告，不但能够最大范围地进行财务信息处理，降低有关纸张、资源的消耗，还将减轻有关财务人员的工作量，使其无须再手工记账。

三、"互联网+"时代财务报告创新

（一）建设网上实时财务报告系统

在"互联网+"时代，财务信息的集成难度不断增大。因此，企业应通过建设网上实时财务报告系统，建立企业的财务信息门户、财务信息中心、财务报表平台，实现财务信息的及时性、全面性、多样性，同时实现信息分析的便利性，并及时进行财务信息记录、更新等。

（二）构建交互式按需财务报告模式

在"互联网+"时代，信息使用者的需求呈现多样化和共同性特征，通过网络系统构建交互式按需财务报告模式能够实现多种信息需求。交互式按需报告模式是向决策者适时地提供已按需编制好的或可按需加工的财务信息，旨在通过提供按需求编制的财务报告来满足不同使用者多样化的信息需求。交互式按需财务报告模式具备"互联网+"时代下的灵活性特征，通过建设数据库和建立模块化的财务会计程序，通过报告生成器和系统反馈渠道，能够实现信息使用者和财务报告单位之间双向、快速、直接的沟通，共同完成实时报告，信息使用者主动、积极地对报告单位提出改进报告系统的对策，能有效地改善信息不对称的状况。

（三）加强网络财务报告模式中的风险防控

在"互联网+"时代，企业通过建立财务信息系统，实现财务报告实施系统，共享财务信息资源，实现交互式按需财务报告模式，但网络财务报告在网络空间的风险不可避免，比如财务信息的泄密和网上黑客的攻击等。因此，企业应该注重网络财务报告模式中的风险防控，不断提高网络财务信息系统的安全防范能力。企业可以建立用户身份验证及权限管理控制制度、系统管理多重控制制度、业务申请处理流程控制制度、预算管理流程控制制度、内控制度实施情况的审计和检查制度等，适时采用防火墙技术、网络防毒、信息加密存储通信、身份认证、数据签名技术、隧道技术等措施进行风险防控。

总之，互联网在财务报告制度中发挥的作用日益凸显，更多的财务管理软件运用到企业财务管理之中，加速了财务报告模式的深度改革和创新。"互联网+"时代，传统的财务报告模式将逐渐消失，网络化的财务报告模式应运而生。因此，财务人员对于新的财务报告模式的掌握和驾驭需要形成终身学习的理念，主动学习新型的财务报告编制技能，构建计算机和财务知识相互融合的知识体系，以满足"互联网+"时代的财务报告模式需求。

第三章 财务会计人才培养模式与能力的培养

第一节 会计人才培养的模式

一、高职会计人才培养

（一）工学结合高职会计人才培养模式的构建

1. 实施工学结合本位的培养模式

（1）培养模式的基本理念

高职教育须转变办学理念，实现科学发展，关注社会发展的需要。推动职业教育从计划培养向市场驱动转变，从政府直接管理向宏观引导转变，从传统的升学导向向就业导向转变。预测社会发展趋势，依据产业结构及经济调整的需要，进行高职会计专业建设研究。在建设改革的过程中，从教学与职业发展规律出发，以较高的"职业判断能力"和熟练的"操作动手能力"为目标，不断赋予"发展能力，工学结合，校企合作，持续发展"的高职教育理念新的内涵，促进职业教育教学与生产实践及社会服务相结合。

（2）工学结合课程模式的构建

工学结合本位课程模式是能力本位的课程开发模式，这种模式是针对岗位群的要求整合与配置教学内容和课程体系，满足企业对应用型人才的要求。工学结合本位课程模式的主导地位主要体现在：变"学科本位"的课程思想为能力本位，课程体系按能力需求精简课程内容，以工学结合培养为主线，强调以工学结合作为课程开发的中心，重整会计课程，以训练为重心，进行并行方式学习（学生在理论学习的同时，在学校实训中心进行工作实践），做到"三个结合"，即教学和实践结合、学校和企业结合、模拟岗位操作和理论学习结合。新课程体系包括综合素质和行业岗位需求的知识和能力。以主干专业技术为核心，建立多学科综合化的、动态的、多元的课程结构和课程内容。以培养专业技能为轴心，建立实训课程体系。以校内外实验、实训基地为基础，部分课程到企业去完成。学习环境与工作环境相结合，部分课程到实验、实训基地完成，增强职业岗位群意识；学习环境模拟工作环境，实现技术应用能力、岗位群适应能力及综合素质三者相结合。借鉴北美国家普遍采用的CBE教育模式，在模块教学的基本框架内，以专项技能模块为基本教学单元组织教学，以岗位为中心进行全仿真实训，培养学生的技术应用能力和基本素质能力。

对于课程设计如下：一个企业资金管理从管理过程划分为筹资过程的管理、投资过程的管理、资金耗费过程的管理、收益的实现与分配过程的管理四大环节。例如，可以将财务会计、成本会计和财务管理三门课结合起来，组成一个教学模块。对四大环节的间接管理是财务会计课程的任务。成本会计主要是对资金耗费过程的管理，包括成本核算、成本分析、成本预测、成本决策、成本计划、成本组织、成本控制和成本监督。这样，成本会计是财务管理与财务会计在资金耗费环节的交叉，加上这三门课程同时对资金过程的管理，所以三门课程可以结合起来，组成一个教学模块。由于管理会计和财务管理与成本会计内容的交叉，可以不再开设。为此，可探索采用中级会计考试教材作为高职会计核心课程教材。

（3）培养模式的整体优化

面向未来，狠抓高职教育教学研究，合理调整专业结构。工学结合本位的培养模式要面向新兴产业和现代服务业，加大课程体系研究力度，大力推进精品专业、精品课程和教材建设。改革以学校和课堂为中心的传统人才培养模式，关注实用技能培养，合理计划安排经费，建立综合性的校级实训基地和校外实践教学基地，对设备进行集中管理、监控及维护，使学生熟练掌握设备的操作并进行反复的训练。让学生了解工厂企业的真实运作、组织、车间管理方法，校企互惠互利、共同发展。全面推进高职教育的信息化发展，教学中体现现代教育技术的应用。逐步建立有别于普通教育的，具有高职教育特点的人才培养、选拔与评价的标准和制度。充分利用区域内优质资源和就业市场，进一步推进合作办学。

2. 合作教育，协调发展及实现途径

合作教育是工学结合会计人才培养模式构建的核心，是工学结合会计人才培养中的重要特色，是培养学生把理论知识转化为实践能力，提高学生综合素质与创新素质的有效途径。实践创新能力都是在大量产业实践中培养的，而合作教育是其实现途径。从职业教育发展历史经验及实践探索得出，工学合作教育的实施成效是培养高职会计人才成功的关键，工学合作教育要想卓有成效，一定要做好以下工作：

（1）合作教育方式

合作者要明确工学合作的目标、内容方法及双方责任。双方成立组织机构和领导小组，聘请行业专家、企业领导与学校教师共同组建"专业教学指导委员会"。"专业教学指导委员会"的职责是明确专业人才的培养目标，确定专业教学计划的方案，提供市场人才需求信息，协助学校确立校外实习、实训基地。"专业教学指导委员会"最突出的作用就是确定了以社会岗位群对人才需求为导向，以知识、能力、素质结构为依据的专业人才培养方案，建立校企合作的教学体系。合作教育是一种人才培养模式，有其完整的教育体系，应当贯穿于人才培养过程的始终。可主动将服务、技术送到企业，将培训送到现场一线，并承接企业订单，根据企业用人数和规格开展订单培训。坚持"用知识报效社会"的价值观，充分利用专业和人才优势，树立品牌意识，提升服务水平，拓展服务领域，广泛进行社会交流，为地方、行业提供决策、咨询、培训服务，深度进行校企课题研究工作，切实发挥服务地方经济发展的作用。校企共同、联合开展培训。高职教育的实践教学，不是一种简单理论教学与实际结合，而是培养学生形成岗位特色要求的知识——能力素质结构的一种教育过程，而这种知识——能力素质结构的培养是通过合作教育联合设计、共同培养的。要实现这种合作教育的教学模式，就要求教学计划和教学体制与之相适应。实践教学环节可安排到三个学年进行，完成不同阶段的实习任务。这种合作教育有利于学生尽早了解工作岗位和环境，在学习中，学生学习的目的更加明确，学习的动力也更足，使学生能够提前进入角色，为走上工作岗位提前做好心理准备、知识准备和能力准备。

（2）岗位轮换教学，加强合作意识策略

①角色扮演教学策略

会计教学过程中，根据学生的特点把学生分成若干组，每组构成一个财务部，分别扮演会计主管、制单员、出纳员、记账员等不同会计角色，开展审核原始凭证、填写记账凭证、登记会计账簿、编制会计报表等会计核算工作，使学生通过岗位角色的扮演，明确各自岗位的职责，了解会计核算的流程，培养协同合作能力，能达到事半功倍的作用。例如，由会计主管、制单员、记账员和出纳员所组成的财务部审核原始凭证和编制记账凭证的过程是：会计主管对原始凭证的合法性、合理性和有效性审核通过后传递给制单员；制单员根据经济业务性质，填制相应记账凭证后传递给会计主管；会计主管对记账凭证进行审核，符合要求后签名交还给制单员，反之则退还重填；制单员把审核后的收款、付款凭证传递给出纳员，转账凭证传递给记账员；记账员根据收款、付款凭证登记现金日记账和银行存款日记账，在出纳员处签名后传递给记账员。学生通过扮演财务部的相关角色共同合作完成原始凭证的编制和审核工作，领会岗位之间的合作性和牵制性。

②岗位轮换策略

为了完成实践教学目标，需要进行岗位轮换，小组中的每一个成员必须依次扮演四个角色，通过四轮轮换，使得每一个同学都能将所有实践内容轮换一次，加强了会计实践教学，系统培养了学生的实务操作技能。

3. 加大实验实训教学力度

（1）建立完整的实验教学体系

在建设"现代职场、真实氛围"外部环境的同时，积极探索创新实践教学。实验教学是指在会计模拟实验室（包括手工实验室、电算化实验室），选取仿真或企业实际业务资料，按实务工作的流程和要求，让学生进行实际动手操作的教学形式。可分为手工、电算化、综合三个实验阶段。手工实验阶段，除穿插在理论教学当中的章节实验项目之外，可配合各门理论课程之后开设基础会计实验、财务会计实验、成本会计实验、纳税申报等集中高职会计教育模式改革的研究的阶段实验课程。在教师的指导下，通过对实验资料的认真思考、分析，学生可以使用会计工作模拟器材，对科目的设置、复式记账、填制和审核凭证、登记账簿、成本计算、纳税申报、编制报表等会计循环环节的工作都动手实际操作，并在操作过程中体会、归纳手工会计工作的特点。电算化实验阶段，对高职层次会计专业学生的要求就是在把握会计手工工作流程的基础上，熟练运用常用的会计软件进行各模块的操作与维护，利用电算技术，处理企业的日常会计业务。通常于第四、第五学期，开设一至两门的电算化课程，不仅介绍会计电算化的基本原理，更重要的是让学生上机操作，掌握通用的财务软件的实务操作处理。综合实验阶段通常安排在最后一个学期。搜集整理一套完整、真实的企业业务资料；营造一个立体交互的"社会"氛围，设置包括银行、税务、保险等单位与企业有经济业务往来的外部环境；由若干名学生组成一个职责分工明确的企业财务部门，按岗位分工，各司其职，强调互相监督、互相协调配合；进行手工与电算化双轨的综合业务处理。各岗位定期轮换，以达到全面实践的目的，通过综合实验阶段的训练，可以全面、系统地提高学生的实务操作能力。

（2）加强实训环节

实训条件包括软件配备、资料配备、工具配备，软件配备包括电子实训软件设备、企业版财务软件配备；资料配备包括由银行票据、税务票据、业务票据组成的票据库，由各类账簿和报表组成的账表库，仿真企业的核算资料；工具配备包括教学工具、装订机、验钞机、计算器等工具。

①在实训室和校内实训基地仿真实训

该方案实训效果是能使仿真实训形式、实训工作日常化，让学生每天都处在会计工作环境中解决不同问题，不仅有利于学生的职业素养的养成，更有利于学生提高职业技能、人际交往能力和独立处理问题的能力，实现职业技能与职业素养一体化培养。该方案实训的运行成本是要有专用实训基地。这是一项一次性较大的投资，但现在多数高职院校缺乏长远规划和全局意识，院、系、部、处各自为政，固定资产资源不能共享。据教育部的统计数字，部分高职院校教室、实验室、实训室的使用率只有60%。所以各院校只要合理规划，不用投资就能够解决实训基地的问题。

②在校企合作实训基地现场实训

该方案实训的效果是在实习期间，学生跟校外实训基地的指导教师（会计人员）从事企业会计真实经济业务的会计处理工作，可以得到现场指导和帮助。因为学生亲临现场实战，实地动手操作会计工作，可将学校学习到的会计理论知识运用到企业实际会计工作中，培养了他们的会计岗位工作能力，实训效果显著。同时学生切身感受了企业文化氛围、企业价值观和企业精神，不断提高了团队意识、合作意识、质量意识、安全文明生产意识，进一步实现了职业素养与职业技能一体化培养。

（二）工学结合高职会计人才培养模式的路径选择

工学结合人才培养模式是指职业院校与行业（企业）密切合作，将学生的课堂学习与参加企业实际工作结合在一起，使学生能学到课堂中学不到的东西，并接受一定的职业训练，取得一定的工作经历，从而形成职业态度、职业能力和创新能力，顺利地完成学业，实现从学生生涯到职业生涯的过渡。工学结合的人才培养模式，能够实现企业、学生、高职院校和社会的多赢，是新世纪我国高等职业教育的必然选择。

1. 工学结合人才培养模式的重要意义

教育部《关于全面提高高等职业教育教学质量的若干意见》提出把工学结合作为高等职业教育人才培养模式改革的重要切入点，这是高等职业教育理念的重大变革，是高职教育发展的必由之路。实行工学结合人才培养模式具有以下重要意义：

实施工学结合使学生将理论学习与实践经验结合起来，从讲授纯理论的课堂走进社会生产实践的第一线，以准职业人的身份参与实际工作。学生在工作过程中同时接受企业师傅的指导和学校教师的组织和管理，实现学习生涯与职业生涯的无缝对接。

实施工学结合可以将企业对人才规格的需求落实到学校的人才培养方案之中，企业可以通过学校的教育培养自己需要的人才,为企业发展储备高质量的人才资源。同时企业也可以利用学校的资源对员工进行培训,提升员工的文化素质。

实施工学结合可以使高职院校充分利用企业生产条件和职业氛围强化对学生的职业技能和职业道德培养,把教育培养的课堂扩展到生产现场,实现生产育人的目的。同时工学结合教育增加了学生优先被企业录取的机会,把学校就业工作的重心前移到企业,使就业与教育紧密联系在一起,体现"以服务为宗旨,以就业为导向"的办学方针。

2. 高职传统会计人才培养模式存在的问题

我国的高等职业学院大多是由原中专校合并升格而成,升格为高校后基本套用原普通高校传统的学科型培养模式,没有摆脱学科教学模式的束缚,仍然受知识系统性、学科性和完整性的制约。这样的模式显然不符合高职院校人才培养目标的定位。会计专业是高职院校普遍设置的一个专业,目前通行的传统的会计专业人才培养模式存在很多问题。

(1) 课程体系学科化

传统模式下的课程体系偏重于会计专业知识理论体系,它往往通过设置一系列会计课程来完成,实施的课程主要是基础课、专业基础课、专业课,这些课程的课时数占总课时的比重通常在50%左右。素质教育等其他课程不但课时数少,而且经常是相对固定不变的。目前很多院校虽然加大了实习实训教学的力度,但由于受学科教育的影响,还没有按照实际会计工作岗位要求组织教学,实习实训的绝大部分内容是账务处理,其实是准则、制度讲解的继续,只不过是将平时做在作业纸上的作业改做在凭证、账册上而已。这种课程体系与高职会计人才的培养目标是不相适应的。

(2) 教学内容理论化

受"通才"教育理念的束缚,教学内容仍然突出理论知识的传授,强调知识的系统性、完整性,缺乏针对性,没有以理论够用为度,导致实践教学环节效果弱化;教学内容注重于准则、制度的讲解,过分强调会计核算内容;虽然增加了实践教学环节的训练,但教学重心没有真正向实践技能训练方面转移;教材内容陈旧老化、交叉重复、内容偏多、理论偏深,造成教学时间和教学资源的浪费,也影响到实践教学的安排;由于缺乏对会计工作岗位的认识和调查研究,没有按照会计岗位所需的专业知识和专项能力组织教学,实践课内容缺乏实效性和针对性。

(3) 成绩考评试卷化

学生成绩考评基本上沿用传统的闭卷、笔试形式的期末考试评价方式,仅以一次成绩作为成绩评价标准,缺乏科学性,忽略了实践能力的测试。这种"纸上谈兵"式的应试教育，造成校方认为成绩优异的学生却被用人单位拒之门外，出现严重的高分低能、校企人才评价标准脱节现象。成绩考评体制的不合理，严重影响了学生实际操作技能的锻炼和综合素质的提高，从而对学生的职业发展产生了负面影响。

（4）师资队伍单一化

教师没有实际会计、审计工作经历，缺乏实际工作经验和操作技能，不能满足技能型人才培养需要。教师在教学中照本宣科，鹦鹉学舌，传授的"技能"犹如空中楼阁，学生动手能力差，不能适应就业的需要；师资短缺，整体素质偏低，"双师素质"型教师严重不足。一些有能力的会计教师到企业做兼职会计，但学校往往不支持、不鼓励，还认为是在"干私活"，甚至想方设法进行卡、管、限。其实，会计教师从事会计兼职工作正是他获取会计实际工作经验、提高教学水平和实践教学能力的最佳途径，这是派送教师到企业进行一般的参观和实习所无法达到的。

要解决上述问题，必须跳出传统人才培养模式的误区，适应高职教育的培养目标，根据目标的职业岗位群和职业能力要求，从培养学生能力的角度出发，选择与专业技能、岗位实际紧密结合的教学内容。只有避免不必要的空洞理论的传授，采用"工学结合"人才培养模式，才能使我们培养的学生真正达到高素质、高技能要求。

（三）高职"工学结合"会计人才培养模式的路径

针对目前高职会计专业的教育现状及存在的问题，高职会计专业在人才培养模式上要不断更新理念，强调能力培养、整合课程体系、体现基于工作工程、增强实践环节、适应社会需求，选择符合高职会计专业特点的"工学结合"培养路径。

"工学结合"有广义和狭义之分。广义的"工学结合"可以理解为工作过程与教学内容的结合。它包括两个层次：与今后工作岗位相适应的校内仿真教学和企业全真教学。狭义的"工学结合"仅指在企业会计岗位上教学。鉴于会计工作的特殊性，会计专业人才培养的"工学结合"以广义理解更为妥当，即通过充分的市场调研，把握职业岗位群和职业能力及岗位能力要求，根据能力要求确定培养目标，针对专业能力制订基于工作过程的"工学结合"人才培养方案，并且根据学习领域的情境划分实施以工作任务驱动的项目化教学，在此基础上通过仿（全）真的实训和顶岗实习来实现高职会计专业的培养目标，真正做到"以就业为导向、以能力培养为本位、以社会需求为目标"。

1. 根据培养目标的定位，制订符合人才规格的培养方案

通过与企业、行业专家共同研讨，真正明确高职层次会计专业学生的主要就业岗位

群、应具备的能力及必须学习的知识领域。根据学生必须掌握的专业知识，设置专业岗位能力学习领域模块；针对提升学生的专业及人文素质，设置岗位能力拓展模块和职业素质教育与拓展模块；针对学有余力的学生设置岗位能力提升模块、基础技能知识拓展模块和专业能力提升模块，通过各模块的设置真正达到干什么学什么，缺什么补什么，要什么给什么。

2. 根据职业岗位工作要求，确定基于工作过程专业学习领域

针对传统会计专业课程设置老化的特点，根据会计行业的常见岗位需要对教学内容进行改革，将相关课程按照基于工作过程进行整合，实现完全的学习领域化课程设置。如开设"会计认知与职业基本技能""出纳业务操作""企业经济业务核算""成本计算分析""纳税计算申报""会计信息化"等学习领域课程，并且按照工作过程的行为导向，采用"工学结合"的课程设计、有针对性的会计教学，使学生就业后无论从事什么相关职业岗位，都能快速达到职业要求，真正实现与就业零距离。

3. 根据工学结合的培养模式，实行以工作任务驱动的项目化课程教学

传统的会计教学及校内实训不能给学生真实的岗位体验，如何解决这个问题呢？将传统的理论教学和平时阶段实训融合，对各学习领域按仿真的工作环境，设计不同的学习情境。如"企业经济业务核算"学习领域，可划分为"筹资与投资""采购与付款""销售与收款""收益与分配""会计报告与分析"等若干学习情境，以工作任务为驱动，融教、学、做为一体，按"六步教学法"实行项目化的教学。

4. 建立仿真的模拟实训和全真的生产型实践基地，进行"工学结合"的实践教学

建立与学生规模相当的校内仿真的模拟实训基地，设置会计模拟教学系统、会计岗位模拟系统、会计业务模拟系统、银行结算模拟系统、纳税申报模拟系统等，让会计各岗位的业务都能在会计模拟实训中体现，并能提供相应的模拟操作训练；还可以将各个环节进行组合，为学生提供一个仿真的实训环境，校内模拟实训应聘请企业兼职教师提供实训指导。与此同时，可以运用校内师资的优势，组建会计服务机构，建立校内生产型实践基地，承担社会代理记账、会计咨询、审计等业务；组织具有会计从业资格的学生，在会计教师的指导下，直接从事企业会计业务的处理和审计基础工作。

5. 建立校外实习基地，进行"工学结合"的感性认知和顶岗实践

根据会计教学的需要，在校外建立必要的会计实训实习基地，一方面承担会计专业感性知识教育，在会计启蒙教学之前可让学生感受真实的会计环境，观察会计资料、参观工作流程，使学生对会计工作有基本的了解；另一方面，平时在校内的实训基地实训，虽然

在一定程度上可以提高学生的动手能力，但毕竟只是一种"操练"，同时鉴于会计工作的特殊性，不可能在一个企业安排大批的会计专业的学生进行顶岗实习，因此必须建立数量较多且满足需要的校外顶岗实训基地，为学生提供"演习"的场所。学生在校外顶岗实训期间，要聘请企业财会人员担任会计实践指导教师，承担顶岗学生的指导任务，会计专业的教师定期巡回指导，随时掌握学生顶岗实践的情况。

（四）工学结合高职会计人才培养模式有效运行的保障体系

1. 建立工学结合人才培养管理机制是关键

（1）建立运行机制

要使产学研合作教育卓有成效，必须建立一整套可靠的管理机制和运作程序。运行机制是工学合作教育的基础，合作双方只有在思想观念上取得统一、方法程序上达成一致、营造融洽的合作环境，合作才能长久。因此，要建立一个统一良好的、保证正常运行的机制主要体现在四个方面。

一是建立思想机制。学校广大教职员工要在思想上确实形成实施工学合作教育是学校生存发展的必由之路，创造良好的合作氛围，树立主动服务的意识，与合作单位建立良好的互助关系。合作企业也应深刻地认识到工学合作教育的最终目的是为企业培养会计人才和做好人才储备，推进企业发展，提高企业社会知名度。一旦形成了合作教育统一的办学思想这一基础，再大的困难双方都能共同承担和解决。

二是建立双赢机制。合作是为了达到人才培养的 1+1>2 的效果，即"双赢"的目的。因此，合作中要坚持互利互惠的合作原则，形成良好的利益机制。在合作决策行事过程中一定要寻找利益交汇点和共同点，使彼此都能获得利益，这样才能使利益矛盾和冲突变成利益的统一与和谐。彼此双赢、客我共利，才能获得合作发展的长远利益。

三是建立互动机制。合作教育的目的是培养出符合企业需要的、与培养目标一致的合格会计人才，因此合作必须实现双向互动。一方面，企业必须把人才培养纳入人力资源开发的轨道，及时掌握岗位职业技术发展变化的信息，并始终监控教育产品的产出过程，不断地把自己对人才的要求、企业运行的状态、技术进步的趋势、市场演变的信息、企业文化等带入学校，引导学校在专业设置、培养模式、实践教学等方面的正确定位。另一方面，学校要树立为区域经济发展、为企业发展服务的理念，关注企业的需要，研究应用型人才的产出规律，努力实现专业设置与社会经济发展零距离配合、教学内容与职业能力要求零距离贴近、实践教学与职业岗位零距离对接，不断探索出合作教育的最佳模式，为社会和企业输送优秀员工。

四是建立师资引进、培训机制。发达国家职业教育的教师既是企业界的企业家或某一领域的技术工人，又是通过教育学院培养的具有扎实的文化基础和专业技能的专职教师。美国职业教育的教师必须是大学本科毕业或硕士研究生，并经过教育学院和实践环节的专业培训，才能成为职业学校的教师。同时，教师每隔2~3年要参加一次教师资格考核，并取得连续任教合格证书。师资队伍水平的高低直接影响工学合作教育的质量。因此合作教育的双方要按照专业技能的需要，从共同发展的角度出发，共同建立师资培训机制，打造一支教学水平高、技术能力强的"双师型"教师队伍。对于学校而言，首先，要改革用人机制，从行业聘请有丰富实践经验的会计师担任操作技能教学的指导教师，建立能进能出、专兼职相结合的"双师型"师资队伍；其次，要有责任、按计划、分步骤地抓好现有教师的进修培训工作，要根据教师的不同情况，进行不同程度的进修，可允许长期培训与短期培训、在职进修与脱产进修、系统培训与部分培训等多种形式交替进行，并利用假期派专业教师带任务，有针对性地下企业实习，增强教师的知识水平和业务能力，对于企业，则应有义务为合作教育选派最优秀的会计师担任教学工作，并主动为高校教师实习提供岗位，也可通过合作研究课题等方式共同提升师资队伍水平；最后，安排企业的兼职教师到学校进行专业理论教学及高等教育学和高等教育心理学的进修，提高教学水平。

（2）制定制度管理体系

制度是规范工作程序，不至于出现偏差的尺子。因此，要使工学合作教育顺利实施，运行机制得以落实，合作双方要制定一套行之有效的规范管理制度。主要有：

①教学管理制度

这是工学合作教育管理的最重要一环。其管理目标是保证培养方案中所要求的理论和实践教学内容得以实施。双方要充分研讨、共同建立一套涉及教学工作各个环节内容的教学管理制度，尤其是积极推行适合学生创业、给教学改革创新带来柔性管理的学分制管理制度。

②"1+n"管理制度

即建立学历证书教学内容与职业资格证书培训内容相互融合沟通的制度，将职业能力的"硬性指标"和相关技能证书的内容转化为学历教育的教学内容。可以将会计证、初级会计师资格证、高职院校英语证、计算机文化基础证以及普通话水平测试等级证书等证书的取得作为学生毕业的必要条件，实现"一教多证""一专多能"的教学目标。

③学生管理制度

这是涉及培养什么人和稳定工作的大事。其管理目标是建立起包括学生在企业实习期间的思想政治工作、学习、生活和安全工作在内的全方位管理。制定的学生管理制度既要科学严格，又要充分体现人性化。在校管理要落实到班级，由班主任负责；实习期间管理要落实到小组，由组长负责。通过思政教育制度、组织纪律制度、日常生活制度和安全管理制度的实施，真正实现思想工作有人做、组织纪律有人管、日常生活有人问、人身安全有人抓的全方位管理的育人局面。

④师资管理制度

建立一支专业与企业相结合、稳定高水平的师资队伍是双方共同的目标。因此，要通过制定教师行为规范、教师绩效考核、进修培训等师资管理制度，不断提高教师的业务水平和工作积极性，确保工学合作教育的内容不打折扣地落实。

2. 完善的教育教学评价系统是保证

按照高级应用型会计人才培养方案，要从工学合作教育的参与者、教学内容、实施过程以及用人单位角度来全面综合评价人才培养质量，所以教育教学的评价系统，要从高职院校、合作教育的企业和社会评价三个方面来构建，建立一套人才培养方案评价、人才培养过程评价和社会评价的三个系统。通过调研，汲取一些高职院校的工学合作教育实践经验。这里给出一个高级应用型会计人才培养质量教学评价系统建立的基本框架。

（1）人才培养方案评价系统

由行业和企业专家领导、技术骨干、学校专业负责人等人员组成的各专业指导委员会实施评价，主要从专业定位是否准确，培养目标及学生知识、能力、素质结构是否符合用人单位的要求；教学内容是否"必需、适用"，满足培养目标。

（2）教学过程评价系统

教学过程总体上可分为校内理论与实践教学和校外生产实习两个环节，因为这两个环节的教学环境、教学手段和教学实施者不同，因此，要分别进行评价。

①校内理论与实践教学评价

主要是对教师的理论与实践教学过程、学生知识基础和基本技能掌握情况、学生综合素质培养情况三个方面进行评价。

由学院主管或分管领导、教务处、督导室、系部等相关人员组成理论与实践教学评价工作组，每学期对教师的理论与实践教学过程进行一次评价，主要通过听课、日常的教学工作检查、学生的教学反馈信息等途径实施，并将评价结果与教师学期和年度考核、职称晋升等挂钩，起到激励先进、鞭策落后的作用。

由教务处、各系部教学单位按教学计划进行学期期中、期末考试，评价学生的基础知识和基本技能。

由学生处和团委具体负责，教务处和各系等相关部门人员协调配合，每学期一次，对学生综合素质进行评价，主要从思想道德素质、业务能力素质、文化素质和身心素质四个指标和若干个分项要素，以权重系数方式综合评价。

②校外生产实习教学评价

主要是对企业兼职实习指导教师的教学情况以及学生在生产岗位实习考核、毕业设计（论文）和此间的综合素质进行评价。

对企业兼职教师实习教学的评价，可由学校教学督导室和校企成立的联合教研室，采取听课及学生教学反馈途径实施。其结果与教师教学课酬和聘任挂钩，教学效果不好的解聘，保证生产实习的质量。

学生生产实习考核由实习单位指导教师实施，从学生劳动纪律、工作态度、团队合作和创新精神、解决实际工作问题的能力、实习计划明确规定的操作规程和技能掌握程度等方面进行综合评价。

学生毕业设计（论文）的评价应组织生产实习企业会计师参与的答辩委员会负责实施，主要从利用所学知识解决了哪些实际问题、产生多大价值、题目难易程度等方面做出评价。

最后，将校内理论与实践教学评价和生产实习教学两个环节学生综合素质评价汇总，给出学生综合素质的总体评价，为优秀学生评比提供重要依据。

（3）社会评价系统

高职会计毕业生质量到底如何，社会和用人单位最有发言权，因此，建立社会评价系统极其重要，是高职院校反映人才培养存在的问题最直接、最快捷的重要渠道。社会评价的参与主体是行业及社会考证机构、用人单位和毕业生。可从以下三个方面开展社会评价：

一是考证机构能力检验。按照"双证书"要求，组织学生参加行业规定的助理会计师职业资格考试，检验学生的技术水平是否达到职业必需的能力要求，并通过考核检查该专业设计的知识和技能与职业标准存在的不足。

二是聘用单位实际评价。即由学校专门组织连续多年（5到10年，甚至更长）定期走访用人单位，跟踪毕业生工作情况，对聘用的毕业生进行工作实践的考察。企业安排毕业生所在岗位的有关领导，根据实际工作表现，从政治思想、业务能力、文化素养、身心健康四个方面对其做出全面的评价。学校根据这类专业的毕业生评价数据，可正确地分析学校在人才培养过程中存在的不足，及时制定措施，加以纠正。

三是毕业生自我评价。毕业生通过长期的工作实践，最清楚在校所学的知识和技能哪些适用，哪些无用，还存在哪些缺陷等。学校要建立毕业生回访制度，由毕业生对自己在校所学的知识和技能，与工作实际需要进行对比评价，并对学校的教学内容等提出自己的建议。这种评价结果，对学校的教学改革具有很好的借鉴意义。

此外，要充分发挥社会评价系统的效果。学校一定要怀着一种诚恳、谦虚的姿态与社会评价单位和毕业生个体建立良好的关系，使这一评价系统运行正常，获得真实可靠的评价结果。

这种由工学合作单位、用人单位、行业及考证机构、毕业生和学校的教学督导部门多方共同参与、构建的内外统一、相互促进和约束的教学评价机制，还具有广泛的社会意义，能吸引社会各行各业都来关心、支持、参与高职教育，拓展高职院校的产学研合作教育的途径和范围。

3. 政府立法保障工学结合人才培养模式的实施

学校与企业合作教育的有效实施，须借鉴国外先进经验，通过中央政府或地方政府以法律或法规的形式加以保障。

4. 做好就业指导，帮助学生顺利就业

就业指导是关系到毕业生能否充分合理就业，提升就业率，提高就业质量的一项重要工作。学校要贯彻"全程化、课程化、个性化、网络化"的原则，建立一个全面、系统、持续、有序的就业指导教育过程。即把就业指导贯穿在从招生宣传到学生入学直至毕业的整个过程之中；把就业指导的内容以课程的形式，纳入整个教学计划，向学生进行系统讲授；依据学生个人能力、兴趣、发展潜力，指导学生选择适合自己的专业或职业；利用现代信息网络这一迅速、便捷的重要载体，充分为学生提供全方位的就业指导和就业服务。

二、本科会计人才培养模式

（一）对应用型会计人才培养模式的构建

鉴于传统的本科会计人才培养模式存在着很大的弊病，束缚了本科会计学生的发展，因此必须进行应用型会计人才培养模式的改革。本节从以下几方面探讨对应用型会计本科人才培养模式的构建。

1. 会计人才培养目标模式

会计本科教育培养的是适应社会需要的应用型本科会计人才，其人才培养目标应体现为"厚基础、宽口径、高素质、强能力"。其内涵应具体体现为"厚基础"，即要具备扎实的会计专业基础理论知识；"宽口径"是要拓宽学生的知识面，相近学科专业打通培养，增强学生对经济发展和社会需求的适应性；"高素质"，则是加强学生人文素质和科学素质教育，提高其文化品位和素养；"强能力"，则是训练学生获取知识的能力、综合应用知识的能力及发展创新能力，将学校教育与社会实践相结合，培养学生对社会的认识及适应能力。

在此基础上，应用型会计本科人才的培养目标应定位为：以满足社会需求为导向，培养面向市场经济中企业和组织需求的具有开拓精神和创新意识、良好的职业道德、相关的专业知识并掌握学习技能的高素质应用型会计人才。

2. 教学选择模式

教学模式是教学理论和教学实践的综合体。一种教学模式，总有一定的理论主张、理论倾向和理论依据。影响教学过程的诸要素在时空上的组合方式，直接影响着学生学习的积极性和主动性，影响着教学效率和质量，关系到教学目标是否实现、教学任务是否完成。所以会计教学模式应根据课程特点、教学内容特点来构建。主要可从以下几方面入手：

（1）构建以培养能力为重心的教学体系

在教学过程中将传授知识、培养能力和提高素质既相对独立又有机地结合起来，构建以培养能力为重心的教学体系，体现多层次、个性化的培养特征。构建和完善以提高基础理论和基础知识为目标的理论教学体系，以提高基本技能与专业技能为目标的实践教学体系，以提高综合能力和拓展专业外延为目标的素质拓展体系，构成人才培养的总体框架。

（2）改变现有教学方法，提高专业能力

会计学传统的方法是黑板授课方式。在以往的教学中，这种教学方式起到了重要作用，但是随着信息时代的到来，世界各国都在进行教育改革，如利用多媒体网络教育系统、远程教育联机学习系统，学生利用电子邮件、电子布控系统、计算机媒体会议、声音图示或视频电话会议、远程数据库存取以及最远的世界广域网进行学习活动。我国也已经大面积地进行计算机辅助教学，所以从事会计教学的人员应抓住机遇，尽快建立适应信息社会需求的、全新的、高效率的教学方式和教学手段，在教学中加强实验操作，利用财务软件进行教学，设置课题讨论，课堂交流，对不同学科可选择某一重要环节进行操作练习，并进行综合模拟操作练习，增强学生的感性知识，提高学生专业水平。

（3）改变教学内容，增强品质能力

在错综复杂的社会中，怎样以自身的能力来适应社会的变化和选择，这需要培养学生良好的素质。在教学内容上除了教授专业课程之外，可增设公共关系学、领导科学、心理学等课，使学生能够经受社会竞争压力的挑战，能够面对困难和挫折，勇于开拓进取。

（4）改革教学管理模式，适应新的会计教育模式的需要

新的会计教育模式强化了教学的灵活性，增加了教学活动的复杂性，与此相适应，教学管理工作要根据新模式下教学活动的特点进行改革，为新的教育模式的推行保驾护航，同时起到监督作用。

（5）实行学分制教育

学分制是指在高等院校相对于学年制实行的教育制度。实行学分制有利于调动学生的积极性，有利于人才培养的多样化，有利于学生个性的发挥，而且与"大众化"教育的要求相适应。同时可以较高程度地实现个性化教学，激发出学生最大潜能；可以最大限度地解决学习任务和学习能力之间的矛盾；可以最大限度地培育学生的道德、能力和创造力；有充分的空间让每个学生深入细致地掌握、领会知识，将知识理解透彻。

（6）构建教学质量监控体系

为了规范教学秩序和监控教学质量，应构建培养应用型人才的全员性、全方位、全过程的质量监控体系。教学质量监控体系是"全员性"的，即监控的主体要以学校主要领导为第一责任人的全校所有部门和全体成员参加的全员群体；质量监控体系应是"全方位"的，即监控的对象既包括教学过程，又包括生源、师资、设备等教学投入要素与考核、就业反馈等产出的质量；质量监控体系应是"全过程"的，即监控的运行是全过程的，不但在教学基本过程实施监控，而且从市场需求调研、专业结构优化、人才培养方案制订，到考核评价、学生就业、用人单位反馈，都要实施监控。这种全员性、全方位、全过程的监控，才能卓有成效地保证学校人才培养质量的提高。

3. 考核评价选择模式

目前我国绝大多数院校采用德智体量化综合测评的方式考评学生。这种制度尽管比较直接规范，透明度和公平性较高，但也不能忽视它的反面导向作用——学生唯"分"是图。加之现在的考试制度主要考查学生知识量的多少，因此，从总体上讲，目前我国的教育评价制度与素质教育尤其是创新教育是不适应的。教育评价制度改革的方向是变静态、

单一、应试式的评价制度为系统、动态、多样化的评价制度。

（1）评价内容的全面性

不仅应评价所学知识的多少和所学内容的熟练程度，还应评价其综合运用知识解决问题的能力。

（2）评价过程的动态性

教学过程中的恰当评价有利于教学双方总结经验、调整方法，提高教学效果，因此对本科会计学生的考核和评价不应该只在期末或某一固定时间进行，而是要不定期、随机地来完成，以便能够准确的掌握学生的学习能力。

（3）评价方法的多样性

包括以考试方式考核学生的掌握程度，以实验方式考核学生知识的运用能力，以案例方式考查学生分析问题、解决问题的能力，以实习的方式来了解学生对知识应用的程度和社会实践能力。

（4）评价指标的系统性

评价指标要尽可能覆盖反映学生知识、能力、素质各方面，除学习成绩外，还应包括社会工作能力、科研创造能力、问题素质等方面。

4. 教师选择模式

教学模式、考核评价模式确定后，教师就是关键和决定因素。所有教学过程的实施、教学效果的考核都由教师进行，而不同的教学模式要求教师具备不同的素质和能力，因此，在教学模式确定的基础上，要根据不同教学模式的特点要求选择教师。应该注意在构建应用型会计人才培养模式中，首先要实现教师角色的转变。为了实现教育目标，教师要改变传统的、单向性的教学模式，寻求一套以学生为中心，以能力的培养为基本点，在传授知识的同时培养学生的运用能力，实现由教学中的说教者、课堂的控制者向教学中的示范者、学习中的组织者、指导者和领航员的转变。

三、独立学院会计人才培养模式

（一）我国独立学院会计人才培养现状及培养模式构建的动因

1. 我国独立学院会计人才培养的现状

目前，我国独立学院会计人才培养方面存在的问题较多，在一定程度上制约了独立学院会计办学规模的扩大，阻碍了独立学院会计人才的发展。结合我院会计人才培养情况，具体表现在以下几个方面：

（1）缺乏针对性的会计人才培养计划

人才培养计划是高校培养人才的指导性文件，人才培养计划的优劣对高校培养人才的质量有直接的影响。根据调查发现，目前各独立学院的会计人才培养计划大多沿用公办高校本科教育的会计人才培养计划，缺乏独特的、专用的会计人才培养计划。像我院至今已培养五届会计专业毕业生，但仍旧采用母体高校培养计划的翻版，没有实质性的改动和创造，缺乏独立学院的现实性。

（2）目标与社会需求不一致

由于独立学院在会计专业人才培养目标方面定位过高，只注重教会学生理论知识，却忽视了教会学生如何应用这些知识。其结果导致独立学院会计专业毕业生未能达到社会的要求，最明显和直接的就是会计专业毕业生就业困难，用人单位抱怨独立学院毕业生理论知识不扎实、动手能力差，必须经过一段时间的历练才能委以重任。如我院2005级会计专业毕业生在北京一家单位面试时，用人单位问"什么是会计工作"，该生竟答不出，更谈不上动手操作了。然而我院每年会计招生人数却大幅增加，已从第一届2002级的85人增加到2009级的650人，这种只注重数量不注重质量的形式，势必导致这种结果。

（3）学科结构单一，会计人才知识面狭窄

独立学院在会计人才知识结构的设计上基本沿袭传统的"基础会计—中级财务会计—高级财务会计"的框架，侧重于会计专业知识的介绍，人才培养过于程式化，缺乏从事现代会计工作所必备的基础知识与理论知识，如管理、金融、证券与投资等方面的知识和综合技能。

（4）会计职业道德教育重视不足

目前，独立学院在会计专业教育中，会计职业道德教育属于薄弱环节，没有专门的课程体系和实践教学，职业道德修养方面缺乏针对性和专业性。至目前我院从未开过会计职业道德方面的课程，也没举办过这类讲座，导致学生对相关法律规定缺乏了解、社会责任感不强，加大了会计信息失真、人格扭曲的现象。

（5）教学内容中，课程间相互连接不够

从教学内容上看，独立学院所采用的会计专业教材版本太多，存在着某些教材内容的重复，如《财务管理》《管理会计》和《财务报表分析》等方面存在内容交叉的现象，存在的内容重复造成教师在教学中要么依据教材内容重复讲授，要么以为其他课程会涉及此项内容而不讲授，从而造成某些教学内容的重复或遗漏，教学效率不高。

(6) 在教材建设方面进展不大

绝大部分独立学院所使用的教材大多沿用一本、二本本科生所用教材，这些教材并不是很适合对独立学院的学生的进行培养。我院在教材选购方面几乎都是采用"211"之类高校使用的教材，并且也不固定。

2. 我国独立学院会计人才培养模式构建的动因

目前，我国独立学院会计人才培养面临着诸多影响因素。

(1) 知识经济的发展对会计人才培养提出了新的要求

知识经济是与农业经济、工业经济相对应的一种经济形态，它是建立在知识与信息的生产、分配和使用上的经济。其最重要的特征是将知识转化为资本，成为经济发展的主要推动力。知识经济的到来，给各行各业带来了很大的变化，同时也给会计行业带来了巨大的冲击。

①知识经济时代要建立起应用型会计人才是资本市场支配者和企业生命主导者的新型理念

随着经济体制的变迁，改革开放的深化，会计的职能和作用在潜移默化地变更着。仅仅核算、反映、监督经济业务运行的全过程并反映经营成果的会计已不再适应知识经济条件下社会主义市场经济发展的需求。知识经济要求应用型会计人才转变工作理念，树立全局观念，拓展企业理财思路，从微观的具体的会计核算工作中解脱出来扩展到宏观的全面的企业管理工作中去，支配资金运作，增强企业活力，成为企业利润的创造者、资本市场的支配者。

②知识经济时代计算机的广泛应用和现代信息技术的形成要求应用型会计人才熟练掌握会计电算化和运用会计网络传递会计信息

会计电算化使会计由手工记账的"原始社会"进入计算机会计处理的"文明时代"。会计电算化实现了会计信息瞬间无误处理，摆脱了繁琐的手工记账程序，提高了会计数据处理速度，保证了会计信息质量，使原来为追求简便而简单化了的计算得到完善，使之能更准确地模拟和反映企业的经济运行过程。实施会计网络化使会计信息共享是会计在21世纪知识经济时代的重大变革。会计网络化是在会计电算化基础上的高科技结晶，它能使全世界投资者通过网络了解一个企业的财务状况和经营业绩，可以使企业足不出户而将其财务信息传递到世界各地。

③知识经济条件下计算机和网络的普及大大减少了会计核算的工作量，使会计工作重点由核算转变为对会计信息的分析和财务管理，实现了会计由核算型向管理型转变

由核算型会计转变为管理型会计，就是将会计工作的重心由传统的对会计信息的加工转变为对会计信息的分析、运用。在一个完善的资本市场上，企业管理是以财务管理为中心，会计的功能不仅仅是反映经营成果，更多的是参与企业管理。据有关资料记载，在美国大企业只有29%的会计人员从事会计报表，71%的会计人员从事资本运作、财务管理和预算管理等管理工作，而且美国约有70%的公司总裁是来自财经方面的专家，而且是以会计行业的专家为主。知识经济时代是经济飞速发展的时代，是知识创造利润的时代，运用客观、真实的会计信息进行财务分析、财务预测、财务决策，并将其运用于企业管理，不同层次的应用型会计人才为企业创造出不同的利润。

（2）经济体制改革改变了资源配置的市场环境，人力资源的地位和作用开始显现，为会计人才的培养目标与模式的建立提供了新的思路

经济体制改革改善了市场环境，建立和优化了经济行为在市场活动中的"游戏规则"，调整了人力资源的配置比例和人力资源的知识结构，会计理论、会计方法和对会计行为规范的要求等也随之发生了许多变化，这些变化要渗透到经济活动中去，应用型会计人才是直接的传递者。

①应用型会计人才培养目标的确立应充分考虑市场对人力资源需求的现状

"科学技术就是生产力"。知识经济时代社会经济发展的直接动力就是人，人是科学技术的创造者，最先进生产力的代表者。应用型会计人才，其一，是经济信息的主要提供者；其二，是实施会计教育行为的结晶。考虑和研究市场对人力资源的需求现状，首先可以使社会得到所需的应用型会计人才；其次，可使学校实施的教育实现社会效益最大化。任何一种行为，只要使社会效益最大化，即使没有眼前的经济效益，也会实现一种良性循环，最终实现经济效益和其他效益的最大化。生产力和生产关系相互作用促进社会经济发展。人力资源是相对于土地资源和水资源等物质资源的一个概念，同属于无形资产的范畴，但人力资源的价值是不可估计的，人力资源能创造出巨大的财富。

②经济体制改革使应用型人才的培养目标成为学校和用人部门共同确定和研究解决的问题

A. 高中教育之后进入社会之前所接受的教育，其培养目标的确定要着眼于如何将培养出的人才推向社会。推向社会是基本的定位，要想推向社会，其方式方法很多，但最基本的是社会用人单位和部门对人才的需求，要把学校的培养行为转变为学校和用人单位的共同行为。例如由学校招生实施教育，教育结束后，把学生推向社会这一行为转变为企业定人才类型、规格、数量，委托学校招生和教育的"订单式"教育行为或过程。

B. 应用型会计人才的后续教育，其培养的目标的确立要着眼于如何提高被教育者的理论水平、实践能力，开拓被教育者的专业思路。经济体制改革和我国社会主义市场经济活动的发展和完善使终身教育成为必然，后续教育是终身教育的重要组成部分，终身教育有被动接受和主动接受两种类型，然而无论是被动的还是主动的，都是由于用人部门或单位所需的人才和正在拥有的人才产生差距而亟须改善人才状况所造成的。

③只有完全摒弃仅依靠学校的力量培养应用型会计人才的思路，才能真正找到培养适应经济体制改革需求的应用型会计人才的途径

学校依托企业办学或干脆转变为企业办学校，成为应用型人才培养的主思路，应用型会计人才作为经济活动、经济信息提供的主体，其培养行为的市场依赖性将会更强。例如，现有经济发展条件所需的"收银员"与计算机技术普及前需要的"收银员"在知识结构、理论水平、操作能力上的要求就有许多不同之处。经济体制改变了市场环境中的"游戏规则"，改变了市场对人才需求的层次及人才素质的要求，改变了应用型会计人才的培养目标。

（3）全球经济一体化为会计人才的培养创造新的发展机遇

①全球经济一体化扩展了应用型会计人才的活动平台

加入 WTO 后，会计作为一种商业通用语言参与国际的经济交流，会计人才作为经济信息的提供者，市场将由有限的国内发展空间引向国际发展空间，这对应用型会计人才提出了更高的要求，如语言能力的要求、适应环境变化的要求，从而对作为生产应用型会计人才的会计教育提出了新的思考，如何去适应环境的变化等问题摆到了议事日程上来。

②随着国际办学机构进入我国市场，对我国应用型会计人才的培养竞争愈加激烈

加入 WTO 后，我国的教育市场逐渐开放，大量国外的办学机构涌入我国，都来争先恐后地分吃中国市场这块大蛋糕，无形中对我国教育事业形成了压力。国外的办学机构有着与我国培养目标与模式不同的办学思路，有着不同的教育方法和教学体系，有着与中国教育机构不同的吸引力。还有些经济较发达的国家，它们有着先进的会计理论体系和会计实务知识，都给我国本土化的会计教育带来了冲击。

③全球经济一体化使应用型会计人才的培养工作实现跨国界的转变

外国的办学机构可以进入中国办学，中国的学校也可以走出去；同时，外国的学生也可以到中国来学习，中国的学生也可以到国外去，从而实现会计人才培养和受教育者接受教育的真正的全球化和国际一体化。

正是由于以上这些因素，致使我国新型的办学机构——独立学院在会计人才培养方面

寻找适合自己的有特色的会计人才培养模式。

(二) 独立学院应用型会计人才培养模式实施要点

1. 树立正确培养目标

以市场需求为基础，以提高会计专业毕业生的核心竞争力为导向，以专业应用能力和基本素质培养为主线，通过学历教育与资格教育相结合、理论教育与实践教育相结合两个结合构建高素质应用型会计人才培养模式。

(1) 将学历教育与会计职业资格教育相结合，构建复合型理论教学体系

随着就业压力的增大，职业资格考试热潮已经波及大学校园。某权威网站的调查显示，CPA、ACCA 为最受大学生青睐的证书。这对高校本科学历教育是一次前所未有的冲击和挑战，高校对此不能轻易拒绝，也不能无动于衷，将会计职业资格教育融入会计学历教育中来，不仅不会淡化应用型会计人才的培养，还可以优化应用型会计人才的培养模式，进而培养出更多更优秀的高素质应用型会计人才。现在国内的会计职业资格分为三类：会计从业资格、会计专业技术资格和注册会计师资格（CPA）。与此同时，为给会计专业学生的就业创造条件，近年来各地相继出台允许在校大学生参加注册会计师统一考试等方面的制度；2004 年国家又允许在校大学生参加助理会计师统一考试；2005 年国家又对会计从业资格证书的取得进行改革，会计专业毕业生由毕业后两年内直接申领调整为通过加试部分科目取得。由此可见，学生之所以热衷于考取各种会计资格证书，实际上是来自就业的压力。就独立学院而言，如果能把会计职业资格教育融入会计学历教育中来，不但可以丰富教学内容，而且能为学生参加相应的会计职业资格考试提供便利，使学生毕业时就拥有一本或两本相应的职业资格证书，也使就业提高了竞争力。

(2) 将理论教学与实践教学相结合，构建系统性的实践教学体系

会计专业的学生不仅要有扎实的经济理论基础和专业知识，还要有较强的实践能力，使学生毕业后以最快的速度和最短的时间适应工作的需要。学生实践能力的培养是一个系统工程，要提高学生的综合素质，培养出具有创造性思维能力的、能独立从事会计工作的高素质应用型会计人才，就要将各专业课程的理论与实践结合起来，形成一个有机整体，对会计专业实践教学环节进行系统性的合理设计，并付诸实践。

2. 科学制订人才培养计划，完善课程体系

科学制订人才培养计划和完善课程体系是实现独立学院特色化人才培养的关键。人才培养计划在总体设计上要充分考虑知识、能力、素质三者之间的结构比例关系，理论与实

践的关系，科学与人文教育的关系，课内与课外的关系，教与学的关系。我们在制订人才培养计划时，坚持以人才培养目标为中心，以应用能力培养为主线，努力在专业学科基础、实践训练、外语、计算机应用能力和文化素质教育上形成特色和优势。为了适应培养人才的多样性要求，根据市场对人才需求的变化做出快速准确的反应而又不降低人才培养的本科层次要求，独立学院应把课程体系分为普通教育课程、专业核心课程、专业方向课程三大模块。普通教育课程要突出基础理论教学的应用部分，培养学生独立分析和解决问题的能力。专业核心课程强调专业基础性和本科的规格要求，努力拓宽学生的专业面，增强学生毕业适应能力。专业方向课程则应突破按学科方向分模块的传统思维，结合就业市场尤其是地方产业结构的人才需求来设置，总体上增加应用性内容和实践性环节，强化学生的实践和岗位适应能力。同时加强教材建设，要联合编写、使用符合独立学院定位、培养目标的系列教材。

3. 强化实践环节，重视创新素质培养

应用型人才最本质的特征就是专业素质高、动手操作能力强、通用适应性强。实践育人符合素质教育客观规律，有利于弥补理论教学中对学生个性发展的忽视，学生可根据自身兴趣爱好及未来志向发展有针对性地选择实践内容。通过实践环节可加深学生对理论知识的理解，提升知识应用能力，拓展职业适应能力，是大学生个性化、社会化发展的必要途径。

第一，加大实验教学设施，保障基础实验室配备足够的教学仪器设备，能满足基础实验教学的需要。

第二，引导学生的毕业论文、设计面向生产第一线，发现问题，寻找课题，以培养学生分析、解决实际生产问题的能力，把培养高层次、高质量应用型人才的工作落到实处。

第三，鼓励或要求学生取得相关职业（技能）资格证书。

第四，积极与企事业单位建立密切联系，签订实习协议，争取合作单位能提供实习实训基地。无论从培养与财会岗位"零距离"人才的要求来看，还是从增强教师实践知识以及案例的取材、制作和更新来看，开展校企协作，建立校外实习基地是行之有效的重要途径。通过建立校外实习基地，使学生身临其境，将所学知识与工作实际结合起来，为毕业后迅速适应工作岗位打下坚实基础。当然，建立校外实习基地是一项任重而道远的工作，需要在实践中不断总结和完善。

四、国际化会计人才培养模式

（一）国际化会计人才的内涵

在经济全球化背景下，人才已不再局限于一个国家或地区范围内，而应是立足本国实际，但超越国家的范畴，具有国际视野，了解其他民族文化，能够在国际施展才华，运用自身的知识和能力，在激烈的国际竞争中立足的人。

国际化人才的内涵在不同的时代背景下具有不同的理解，不能简单地将有国际留学经历或有国际工作经验的人等同于国际化人才。国际化人才是一种素质的表现，具体为：一是具有良好的语言沟通能力，能够进行双向交流；二是能够认同不同的价值理念，适应各地的风俗习惯；三是具有宽广的国际视野和强烈的创新意识；四是具有复合的知识能力和素质。

（二）国际化会计人才培养模式具体构想

1. 更新人才培养理念

人才培养理念是在根本上解决按照何种思想培养人的问题，是对人才培养模式的科学认识，对人才培养具有先导性作用。纵观国外人才培养理念，其中最被推崇的是"终身学习"理念。英国和美国是贯彻得最为完善的国家，英国很早就把"终身学习"作为人才培养的基本理念，而美国会计学会下设的会计教育改进委员会在1990年发表的《会计教育目标》中明确指出："会计教育的目的不在于训练学生在毕业时即成为一个专业人员，而是在于培养他们具备未来成为一个专业人员的学习能力和创新能力，使其终身学习。"在现代教育中，我国国际化会计人才的培养也应按照"终身学习"的原则进行。"终身学习"理念认为，为了使人才能够适应迅速变化且日趋复杂的社会环境，人才培养应注重对学习方法和创新能力的培养，强调在接受教育期间掌握工具性知识和继续学习的能力，打破了"一次教育，终生受用"的传统思想，为职业发展奠定基础。

2. 明确人才培养目标

人才培养目标是解决培养什么样人才的问题，只有明确培养目标，才能决定所培养的人才应具备的素质与能力。会计人才培养目标要与会计所处的社会环境、经济因素及会计本身的技术手段相适应，根据我国经济和社会的发展阶段和会计国际化的程度，我国国际化会计人才的培养目标应该定位于培养具有较强的国际适应能力和广博的专业知识、社会知识的高素质复合型人才。

3. 完善课程设置

教育部提出"宽口径，厚基础，高素质"的现代教育理念，会计教育亦是如此。具体体现在课程设置中，把以培养学生专业知识结构和职业能力定位为课程设置的基本目标，将国际化会计人才所需的素质和能力有效地融入课程体系之中。

根据我国国际化会计人才培养的实际情况，提出会计课程结构设计应注重如下几方面：首先，课程设置应注重会计学科知识的系统性，在完善专业课程体系的同时也要注意精简专业课，合理界定各门课程的内容，避免课程之间内容的重复；其次，课程设置要重视学科的综合性和知识的完整性，不应局限于会计学科体系，在夯实数学、外语、计算机等知识的基础上也要注重经济学、统计和法律等知识的学习；再次，课程设置应与社会需求紧密结合，经济的迅猛发展导致社会各个领域新技术、新理论频繁涌现，与此相适应的会计课程设置就应经常更新，及时掌握专业领域的新动向，避免学生掌握的理论知识和社会实践需要脱节；最后，在课程中增加国际化的内容至关重要，旨在培养学生能在国际化和多元文化的社会工作环境下生存的能力。

4. 加强教材建设

加强教材建设是国际化会计人才培养的重中之重，根据目前我国专业教材的实际情况，社会各方都应采取相应措施，清理教材市场，从源头上加以控制。首先，改变原有教材体系和相关内容，尽快实现教材的国际化。增加准则中关于国际会计准则的部分，使学生了解国际会计准则与相关国际惯例，能够及时掌握国际最新动态，适应国际化的经济环境及工作岗位。其次，加强教材市场监管，国家应规范教材市场，建立严格的审批制度。同时，出版社严格把关，建立严格的用人制度，打造我国会计专业精品教材，推动教材的国际化发展。再次，会计专业教师应该把编写教材看作重要的工作，用新的会计规范充实教学，使讲授的内容"与时俱进"，而不仅仅当作晋升职称、科研成果的必要手段。最后，适当引进国外原版教材。国外原版教材是国际化会计人才培养的重要途径，对于原版教材的引进也要建立严格的审批制度，有关部门应做好原版教材的整理工作，做好规划与审批工作。

5. 创新教学方法

目前我国人才培养基本上还在沿用传统的灌输式的教学方法，忽视学生的个性化发展，不能做到因材施教，制约和阻碍了学生的发展。应该按照国际化人才培养的特点和规律，寻求科学合理的途径和方法。在教学方法中，应该强化案例教学法，推行问题导向型教学法，引入自学与讨论联动式教学法，以学生为中心，以提高学生参与能力为目的，以培养能力为导向，确定了学生在学习活动中的主体地位，是教师与学生相互沟通的过程，保证多样化的教学方法发挥作用，以使会计人才培养能与会计发展国际化的进程相一致。

6. 改进教学手段

为提高教学质量，教学手段实现从传统教育向现代化教育的转化，积极推广多媒体教学和远程教育，使学生从感性和理性两个方面认识会计理论和会计实务工作，提高学生的会计实践能力和专业知识操作能力。运用多媒体辅助教学和其他辅助教学手段，将演示教学、模拟实践教学、互动教学等与传统的课堂教授方式结合起来，实现教学内容的及时更新，同时发展现代远程教育，实现国家教育资源乃至国外教育资源的共享，进一步提高教学质量。

7. 推进实践教学发展

会计是一门集理论性与技术性于一身的应用型学科。会计人才培养过程中不但要传授给学生基本理论知识，还要使学生掌握会计的各项专业技能，只有两者结合，才能学以致用。国际化会计人才培养旨在培养高素质的复合型人才，这已成为会计教育界的共识。会计改革呼吁培养适应实际需要的专门人才，会计教育担负着为国家输送高素质会计专门人才的重任。因此，重视会计教学中的实验教学环节，加强学生的实践能力培养，就显得格外重要。

完善会计实践教学内容，不仅关系到整个会计行业未来的发展和前途，同时对我国国际竞争能力的提升有所帮助。高等教育应如何应对会计教育趋势的挑战是值得我们深入探讨的主题，应加强会计实践教学与相关课程之间的衔接，完善校内手工模拟实践环境，加强校企合作，开展校外实习，加强会计实践教学的教师队伍建设。总之，实践教学是实现会计人才培养目标的重要步骤，实践教学的效果如何决定了会计教学工作的成功与否，也决定了会计教学质量的优劣。

第二节　会计人才能力的培养

一、会计人才培养的理论概述

（一）多元智能理论

"多元智能理论"的内涵是人具有多元智能的表现，不同个体的智能特点、类型也各不相同，但至少拥有九种智能：言语语言智能、数理逻辑智能、视觉空间智能、音乐节奏智能、身体运动智能、人际交往智能、自我反省智能、自然观察智能和存在智能，个体智能并不以整合方式而以相对独立方式存在。"传统的智能理论过于强调个体的语言和数理逻辑能力培养，而忽视了个体运用知识解决实际问题的能力，用传统的智能理论无法说明现实生活中智能多元性和创造性。它对智能概念给予了全新界定：智能是在某种社会和文化环境的价值标准下，个体用以解决自己遇到的真正难题或生产及创造出有效产品所需要的能力。"

（二）互联网信息化相关理论

最早对信息化做出定义的是联合国教科文组织，将信息化定义为是技术和社会的进程，目标是在生产服务中实现管理流程、组织机构、生产技能及生产工具的改革创新。我国国务院办公厅印发的《2006—2010年国家信息化发展战略》指出，信息化是一种历史进程，是充分利用信息技术、开发信息资源、促进信息交流和知识共享，以帮助提高经济增长质量为目的，最终推动经济社会发展转型的过程。因此，信息化是由信息技术改革创新引起的社会经济变革过程，是从实物资产创造价值向无形信息资源创造价值的新阶段的改变历程。互联网信息化内涵包括三方面内容：第一，互联网信息化是包含大量信息资源、信息平台、信息系统、通信网络的信息网络体系。第二，互联网信息化是信息技术研发、信息设备硬件和软件开发应用，是信息系统的集成与服务。第三，互联网信息化是劳动者知识和能力素质、人类物质和文化生活质量以及国家现代化水平不断提高的社会进程。

需要注意的是，互联网信息化内涵是将与人类生产生活相关信息和知识的生产、传播、储存和使用方式转变为数字化、智能化、网络化的方式。

会计互联网信息化是指会计与网络信息技术的结合，是网络环境下管理层获取信息的主要渠道，具有业务核算、会计信息管理和决策分析等功能。会计互联网信息化不仅可以有效避开会计电算化孤岛问题，还可提升企业管理决策水平和管理能力。但会计互联网信息化与会计电算化有本质差别，它不是简单地将计算机设备、管理软件、通信设施等先进信息技术与传统会计工作如记账查账、财务预算等相融合，它将对会计假设、会计实务、会计教育等产生深远影响。

教育互联网信息化是指在教育管理、教育教学和教育科研中全面深入地运用网络信息技术以促进教育改革与发展，使教育适应网络信息化发展对人才培养的新要求。教育网络信息化的基本特征是教学辅助技术上实现多媒体化、网络化和智能化；核心内容是以网络信息化为理念进行教育目标和教育方式的创新，利用信息技术开展互动式、讨论式、导向式教学，发挥信息化在教育技术创新中的重要作用。教育网络信息化以学生为中心，鼓励学生利用信息技术开展自主、协作式的学习，目标在于培养学生利用信息技术学习的良好习惯，提高学生在网络信息化环境下的分析判断能力、解决问题能力和应变能力。教育网络信息化要求在教学实施过程中合理运用计算机设备、多媒体和网络通信设备及教学管理软件等现代信息技术，促进教学方式和学习方式跟进时代变化，为人才培养提供保障。

（三）教学模式相关理论

教学模式是为达到特定教学目标而在一定教育思想、教学理论的指导下建立起来的稳定、简明的教学活动框架和程序，是开展教学活动的方法论体系。教学模式是作用于教学实践的教学理论具体化，具有一定可操作性，是教学理论和实践之间的中介。虽然学术界对人才培养模式的表述方式各异，但其实质性内容都包含培养目标、课程体系、教学实施与教学管理、考核评价制度等方面内容。会计教育目标包括会计专业学生的基本特征、培养方向、培养规格和能力素质培养目标等内容，是指导会计人才知识和能力架构培养的中心思想，是开展会计教育教学的基本依据和决定教育模式的关键因素。会计教育课程体系包括公共基础课程、会计专业课程和实践课程体系及结构，是各种课程相互配合而形成的授课计划。课程体系衡量指标包括学分总量与课程类型、综合化性、平衡性和灵活性等内容。会计教学方法，是指在会计教学实施过程中所采取的教学途径，拟在师生之间达成合作交流的方法体系，为完成具体的教学目标和教学任务而服务。考核方式是对教学效果的检验，是激励会计专业教师和会计学生进步的重要方法。

（四）嵌入式教学相关理论

嵌入式教学是一种新型的理论与实践双向相嵌的教学模式，即先将理论嵌入实践中指导实践教学，然后将实践教学再回嵌到理论常规教学之中。嵌入式教学模式是由西方"课程替换教学"发展衍化而来，因为在我国计算机软件专业教育改革中的成功试点而被熟悉。嵌入式教学模式以专业能力培养为主线，将职业道德、知识素质、人际交往能力和职业素质培养嵌入专业胜任能力培养过程中。

会计教育引入嵌入式教学模式有两大突出优点。首先，以需求方对会计人才的能力需求为基准，将会计实际工作流程嵌入会计知识讲授中，用实践操作来强化理论知识内涵的理解，使学生有学习热情和实践经验。其次，运用反哺理论，将实践教学嵌入理论常规教学中，使学生对理论知识的内涵有更透彻的理解；将会计理论嵌入实践教学中指导实践，有助于学生理论联系实际，增强学生学习的主动性和成就感，实现会计人才知识素质和能力素质的综合培养。

二、"互联网+"时代会计人才培养目标定位分析

会计人才培养目标是设计会计人才培养模式所依据的宗旨，是实践会计人才培养模式所要达到的目标。本研究认为，"互联网+"时代高校会计人才培养目标应集社会、学校和家长对会计人才的期望于一身，依据学生层次、职业要求和互联网发展需求等多种因素进行定位，将会计人才培养目标定位分成两个层次。

（一）基本目标

基本目标主要是引导学生先发展成自信者，再发展成有用之才，即对社会和家庭有责任感，具有自立自强、适应社会的生存能力，同时又掌握会计职业必备的专业知识、基本技能和职业素养，具备执业资质和职业胜任能力。专业知识包括会计、计算机、互联网、管理、统计、金融、心理、法律和外语等；基本技能包括智力、技术、沟通和管理协调等；职业素养包括职业道德和理想等。

（二）高级目标

高级目标主要是引导学生树立终身学习理念，具备卓越的会计职业才能、精湛的会计职业技能，并基于经济社会发展需要，培养能够服务于地方经济，精通财会业务、熟悉会计规则，掌握互联网技术、金融、法律、内部控制等相关学科知识，具有良好的职业道德、国际视野和跨文化交流能力，能参与战略经营和管理决策，能把握行业发展趋势，解决复杂经济问题的高层次会计顶尖人才。

教育的价值，在于唤醒每个学生心中的潜能，帮助他们找到隐藏在脑海中的特殊使命和注定要做到的那些事，既要懂业务又要懂技术。本研究认为，高校应本着适应社会和企业发展需求的原则，在"互联网+"环境下更新会计人才培养目标，创新会计人才培养路径，为社会和企业培养出"产销对路"的人才。因此，明确会计人才培养路径的关键在于改革传统的人才培养目标，明确"互联网+"时代的会计人才培养目标，更要注重开发和培养学生整合信息、分析数据及逻辑思辨等方面的能力，以适应"互联网+"时代发展的

要求，培养企业所需的有用之才。

三、"互联网+"时代会计人才胜任能力培养路径实践探讨

互联网的快速发展改变了会计人才市场对会计人员素质的要求，高校会计专业教育作为会计人才培养的主要方式，面临着巨大的机遇和挑战。会计教育应既强调教学实践又注重理论讲授，注重在理论教学中解决会计专业能力训练问题，让知识传授与技能训练形成良性互动与互补。为解决"互联网+"时代我国高校会计教育发展难题，应充分发挥互联网信息技术优势，广泛吸收技术领域最新研究成果，使信息技术与会计教育全面深度融合，以互联网信息化开展会计教育理念和教育模式的改革创新，同时根据企业需求培养高素质会计人才。

（一）会计人才胜任能力培养

"互联网+"时代，业务型会计人才已不能满足企业需求，管理能力越来越受到企业重视，企业需要高素质的管理型会计人才。因此，会计人才既要具备财会知识和经济管理知识，又要具备信息收集和分析能力、沟通能力、合作能力、创新能力、获取知识能力以及对信息反应和驾驭能力等，以提升会计工作胜任能力，实现灵活使用计算机解决财会业务并为管理层决策提供实时有效信息的目的。

高校要结合互联网背景，着眼于为会计专业人才提供终身发展的基础，使其为能够更好地适应会计职业要求做准备。会计专业培养目标应围绕打好基础、培养创新、提高胜任能力这个中心任务，积极创造硬件和软件条件，以培养满足社会需求的高素质胜任能力的应用型人才。因此，高校会计教学目标应定位于培养具有扎实的现代会计理论知识、熟练掌握互联网信息技术手段、具有终身学习能力与创新能力等综合胜任能力的会计人才。由此可见，"互联网+"时代，会计人才胜任能力的培养在教学上应做到理论（知识要素）与能力（能力要素）并重。

1. 在知识要素上对会计专业人才的要求

"互联网+"时代要求会计专业人才掌握管理学、战略管理理论等方面知识；掌握经济学、统计学、金融学、经济法等学科基础知识；掌握基础会计学、管理会计、财务管理、审计学、内部控制与风险管理、财务分析、成本会计等专业知识；掌握计算机软件、硬件技术的基本方法知识，具有利用网络工具方法的理论基础。

2. 在能力要素上对会计专业人才的要求

"互联网+"时代要求会计专业人才掌握会计核算能力、合作能力、分析能力、职业判断能力、获取知识的能力、表达能力、创新能力以及软件设计与维护能力。同时，高校应当为企业和会计专业毕业生建立信息沟通渠道，获得会计专业毕业生在各类组织中职业表现和成长轨迹的相关信息，综合形成胜任能力结构评价与需求，并结合地区经济发展特色，及时、合理地调整会计教学目标。

（二）合理构建课程体系

"互联网+"时代，会计人才在具备业务能力的基础上，更应当培养信息获取能力、职业判断能力、决策分析能力、团队合作能力、获取新知识能力以及沟通交流能力等相关胜任能力，掌握扎实的专业知识和经济管理知识。促进互联网信息技术与专业课程融合，构建合理的会计课程体系，提高教学质量与效率。在课程内容上应将理论知识讲授与能力训练整合，在专业教育中嵌入非核算能力教育。

1. 增加网络信息化方面的课程

"互联网+"时代，高校会计教学课程体系中开设会计网络信息化课程较少，缺乏对学生信息素养的培养。大多数高校一般仅开设大学计算机基础知识、Excel、管理信息系统和会计电算化，主要讲授计算机记账、报账等会计业务处理过程，对系统的设计原理介绍较少，且学生对其不够重视，这使会计专业毕业生的知识结构、职业能力和综合素质与实际需求不相匹配，难以形成职业胜任能力。通过开设会计信息技术综合、通用会计软件操作与使用、XBRL（主要指提供企业决策者的经营管理信息）理论与应用、VBSE（虚拟商业环境）会计模拟实训系统、Access 数据库、数据库应用系统开发、电子数据处理和开发、Excel 在会计中的应用等课程使学生掌握计算机硬件、软件和计算机系统分析、设计方面的基础知识，同时能够运用办公软件和网络完成财务处理、分析以及系统的维护处理工作，培养会计专业学生通过网络信息技术开展会计工作的能力，增强数据获取、整理和分析能力，为企业管理者提供有效决策信息服务。

2. 重视学科基础课程

基础会计等学科以培养学生核算能力为目标，是会计教育必须实现的基本目标，所以在安排基础会计任课教师时，应安排有丰富理论教学经验、有亲和力、有耐心、沟通表达能力强的教师。同时，"互联网+"时代，企业更加注重信息的价值和对风险的防范，内部控制、内部审计、风险与战略管理部门越来越受到重视。并且，金融学、电子商务、市场营销等交叉学科可以作为学科选修课程，帮助学生掌握更多的知识背景，有助于培养学生高效、合理的会计职业判断能力。

3. 将企业经营管理环境嵌入实践课程

作为会计人才胜任能力培养重要途径的实践教学亟须改变开设门数少、课时少、模式单一的现状。除了基础会计软件实训外，还应当增加财务网络化模拟实践、综合模拟实验、计算机审计、企业经营沙盘模拟等实践课程。通过嵌入企业的经营管理环境，可以激发低年级会计专业学生学习专业课的兴趣、提高高年级会计专业学生理论联系实际的能力，体验团队协作氛围，培养综合能力和全局素养。例如，ERP沙盘模拟企业经营系统为会计实验教学搭建仿真企业所处的内外部环境，将复杂抽象的财务及经营管理理论以最直观的方式让学生体验、学习，使学生在市场分析、战略制度、财务管理、现金流管理等一系列活动中，将各类资源、计划、管理信息及时、有效地以会计信息形式表达出来。

4. 课程体系设置方案

在课程体系设置上，高校应遵循课程体系涵盖基础课程、专业课程、实践课程和选修课程的基本模式。需要注意的是，将网络信息化渗透到学科基础课程、专业课程、实践课程和选修课程的教学中，理论课程与实践课程相互配合，形成集网络化、专业化、实践性于一身的课程体系。会计专业课程体系一般采用学分制，学分在各知识体系中的分配学校可各自设定，但应注意比例协调问题。同时，应尽量精简公共基础课程，使学生将更多的精力和时间用在职业胜任能力培养方面。

（三）改进教学方法和手段

互联网的迅速发展为会计教育提供了更多便利的教学工具。高校本科会计教育应充分发挥现代网络信息技术的优势，广泛吸收新技术领域的最新研究成果，以互联网嵌入理论与实践教学为理念，积极开展启发式、案例式、讨论式、导向式教学，提高会计人才胜任能力，培养符合会计职业能力需求的高素质人才。

1. 理论讲授教学方法中嵌入网络化

课堂讲授是会计教育的重要方法，传统课堂对理论的讲授缺乏生动性，学生会计专业知识理解与应用能力的培养效果不理想。针对这一情况，高校会计理论教育要充分利用物联网、云计算、大数据、财务共享服务平台等先进网络信息技术，使会计专业学生理解如何使会计知识在计算机等网络信息技术的处理下应用于实践工作，不仅可以激发学习主动性，还可以真正做到知识与能力的共同培养。如讲授财务分析方法理论时，可以选取某上市公司最新财务报告为实例，利用Excel建立财务模型，使用XBRL财务报告工具对上市公司进行财务报告分析；成本会计理论内容及会计核算程序复杂，实际工作中涉及多个部门，传统教学方法让学生对成本核算内容感到步骤烦琐、枯燥乏味、晦涩难懂，但在"互联网+"时代，小视频和多媒体动态图演示教学，有助于加深学生对成本核算流程的理解。

2. 实践教学方法中嵌入网络化

目前，高校实践教学以会计软件实训为主，方法单一、脱离职业环境，对学生沟通能力、团队意识、分析能力、职业道德等方面的实训不足。因此，高校应借助网络引入单科和综合会计实训软件，在虚拟商业社会环境下系统化训练学生对所学知识的理解和掌握，培养操作技能的同时注重对学生综合素质能力的锻炼。如在 VBSE 虚拟商业环境模拟实训课上，学生可以自主选择不同行业的不同部门并完成岗位主要工作任务，学会基于岗位的业务处理、决策和协同，感受资金流和信息流在企业中的运转。通过在不同职业岗位"工作"，训练学生执行能力、决策能力和创新能力，培养全局意识和综合职业素养。

重视社会实践对会计专业学生能力培养的作用，使学生形成实习前感性认识、实习后理性认识的效果。将实践教学方法纳入教学中，实施导师负责制，会计专业学生在大一入学后即分配导师，导师负责学生社会实习和毕业论文指导。

3. 加强创新性教学方法的使用

案例教学、小组讨论、指导性教学、角色模拟等被称为创新性教学方法，这是培养学生非核算能力的重要途径。网络化的发展为创新性教学方法的实施提供了更多便利的条件，因此，高校应当充分发挥网络化优势，加快教学方法创新。

以案例教学方法为例，这是一种培养会计专业学生综合能力素质的主要方法，但一直是高校会计教育中的薄弱环节。使用的多为陈旧、知识点单一、答案固定的案例，不能满足实用性、综合性要求。因此，在案例设计时体现网络化要求，锻炼学生数据收集能力、分析能力、表达能力、合作能力，充分发挥学生的主观能动性。如以当前财经热点为题或允许学生自由选择与课程内容有关的案例，让学生课下利用网络收集与案例有关的信息，再在课堂上表达自己对案例及知识点的理解和观点，教师根据学生的分析内容提出问题并给予点评和延展。

4. 多种教学方法结合使用

一种教学方法的使用可能难以满足教学目标的需要。因此，可以结合课程性质综合采用案例分析、问题分析与讨论、小组活动等多种教学方法，并将实训、实习等实践教学嵌入专业知识的教学中，有意识地训练、培养学生的自我评价意识、综合素质和会计专业知识的理解与应用能力。另外，高校还可以邀请工业企业、金融企业、事务所的管理人员和财务人员等开展专题讲座，这不仅能够让学生及时了解行业动态、专业人才能力结构，还有利于加强校企合作。

（四）探索开展案例教学

1. 案例教学小组讨论

"互联网+"时代要求高校与时俱进地将互联网技术融入会计教学模式中，推进以学生为主体的课堂教学改革。在高校会计人才培养过程中，教师的主体性地位体现较明显。若适当体现学生的主体性地位，同样能收到较好的效果。学生主体性地位的体现方式多种多样，我们以案例教学中学生参与自组织管理为例，探讨会计案例教学中学生参与作业批改、学习评价等教学活动的具体做法。

小组讨论是开展案例教学的重要步骤，具体须对学生划分组别，以小组形式开展日常教学活动。通过小组讨论的方式，激发学生的思考力，提高学生的创造力。按照学生性格、学生管理能力等标准进行分组，每组采取自愿报名原则挑选出组长和学习得力代表，然后进行初次培训及测试，最后根据综合考察情况，将组织协调能力强的定为小组长，踏实肯干的定为学习得力代表，让他们参与备课、课堂管理、作业批改、学习评价等教学活动，并以第二课堂形式对学生参与教学管理活动的表现进行评价，提高学生综合能力。

2. 案例教学具体做法

小组讨论的重要目的是突出学生的主体地位，因而，探索开展案例教学，还需要把握案例教学活动中体现学生主体地位的具体做法。教师以教学计划形式明确会计案例教学课所要达到的教学目标、讲授的教学重点及采用的教学方法等，提前布置与案例相关的问题作为学生作业，由小组长组织学生课前预习，组内学习得力代表对预习中出现的情况进行详细登记，包括组长组织情况、学生预习情况、小组讨论情况等，然后汇总案例相关问题反馈给教师，教师根据反馈情况细化教学计划，根据学生需求备课，在与学生互动交流中提高教学质量。

第一，在课堂教学环节。教师根据学习得力代表的反馈，对学生须重点掌握的知识点进行抽查考评，考评结果作为各小组的学习成绩。对一些较难的问题先由教师给予提示，然后学生独立思考，再由组长组织检查讨论，学习得力代表扮演讲解角色，在此过程中教师到各小组检查指导，从每组中随机抽查提问，教师根据回答情况做必要补充。课堂习题要求每位学生先独立完成，随后根据检查情况开展个性化辅导，充分发挥每位学生的主观能动性，提高学生的学习积极性。

第二，在作业批改环节。作业批改由学习得力代表完成，小组长负责监督。作业批改包括：监督组员的作业完成情况全过程，强调学生尽可能独立完成，抄袭作业记零分，但可请组员加以辅导，辅导后仍有困难可请教师指导。若作业有模糊答案时，由学习得力代表组织组员商讨，商讨未果请教教师，这样可培养学生积极主动思考问题的习惯。然后，由学习得力代表做好详细登记，包括辅导情况、完成质量、容易出错的问题等。最后，教师检查作业登记记录，评价各组作业完成情况给出详细评语，指出存在的问题及相应的解决措施。

第三，在学习评价环节。小组长和学习得力代表要对组员的课前预习、课堂表现、课后作业完成情况进行初步评价。首先，学习得力代表对组员学习态度参与组内讨论次数、团结协作精神及为小组解决问题等情况做好详细记录；其次，教师依据班内实际情况制定量化考核表，由小组长根据记录对组员计分；最后，教师随机提问，根据答题速度、问题难易度、答题质量等情况进行计分，同时对小组讨论情况、组内成员团结度、学习气氛、组内成员精神面貌等多方面进行综合评价，全面了解学生的学习情况，充分调动学生的学习积极性。

第四章 会计人才培养的目标定位与体系构建

第一节 会计人才培养的目标定位

一、高职会计人才培养目标

（一）高职院校会计专业人才培养目标的问题

1. 培养目标高职特色不明显

目前我国现行高职会计教育仍沿用本科教育模式，而人才需求市场对会计人员的需求层次和需求数量不同，这就需要高职院校对会计人员的社会需求进行充分分析，结合学生的生源质量和综合素质制定不同的人才培养目标。高职院校在制定会计培养目标时大多只重视学校的整体定位，忽视了专业自身的地位和条件，致使会计专业人才培养目标定位不准确，没有突出高职应用型人才的特色。因而，难以培养出操作技能强、理论过硬和实务操作水平高的毕业生。因此，高职会计教育应区别于本科教育，重心应放在能力培养上，突出高职教育的特色。

2. 培养目标定位偏离现实

目前高职会计专业毕业的学生主要是在中小企业从事会计工作，但是许多高职院校的人才培养目标并没有突出面向中小企业，直接的表现就是课程设置没有突出中小企业的业务特点，有些业务在中小企业里比较少见，但我们仍然花大量的时间加以介绍，学生接受起来也有一定的难度。此外，高职教育更重视知识传授，而对学生的团结协作、人际社交、组织能力方面的基本素质培养相对于中小企业会计的要求存在较大差距，这也是目前高职院校人才培养教育的薄弱方面。从各院校公共基础课课程设置及课时分配上看，公共基础课面面俱到，能否从中小企业会计的基本素质要求出发，对于一些对中小企业会计岗位没有实际意义的课程，是否应该被对中小企业会计岗位更有价值的课程所取代，值得我们思考和商榷。因此，我们应以岗位为导向，将培养目标定位于中小企业，按照中小企业的业务来开发教材,设置出纳、成本核算、往来业务核算、财产物资核算、收入费用核算等会计岗位课程。学生通过岗位课程的学习,能够掌握中小企业的会计业务处理方法,从而使培养目标切合实际。

3. **培养目标层次界限不清晰**

我国目前的会计教育基本上可以分为博士、硕士、学士、专科以及中专教育五个层次,不同层次的会计教育对人才培养目标的表述不完全相同,但均将"培养符合社会需要的人才"作为培养目标的重要内容。虽然我国执行的是知识传授和能力培养双主导型的理想教育目标,但实际上只注重了执业能力的培养。大部分高职院校培养目标是为企事业单位输送人才,即培养符合社会需要的人才。这样的培养目标过于笼统,在此培养目标下,高职会计教育过于强调学生基本知识和基本技能的培养,从而忽视了学生的职业道德教育及应变能力、分析问题和解决问题能力的培养,使得毕业学生综合素质较低。

4. **培养目标重理论、轻实践**

一些高职院校在会计专业人才培养目标的指导下,其教学计划中明显看出在课程的课时分配上重理论、轻实践。专业课程教学中,专业基础知识偏多偏深,而由于实践教学课时有限,教学的广度、深度却远远不够,致使课堂教学与学生实践相脱离,拉大学生与企业经济活动的距离,不能培养学生自己分析问题、解决问题的能力,也不能培养学生实际动手及创新能力,降低了学生学习的效率和效果,这样培养出的会计人员只能是从书本到账本,缺乏打破传统观念束缚的勇气,解决实际问题的能力差,从而致使学生日后走上工作岗位,基础知识不牢,动手能力差,无法适应快速发展的社会环境。而实践教学的学时严重不足,又使得学生没有足够的实际锻炼机会。因此,会计人才培养目标重理论、轻实践是目前高职院校会计专业亟待解决的一个问题。

(二) 会计人才的需求分析

1. **社会对会计职业的需求**

随着社会经济发展水平的不断提高,会计工作的分工越来越细,这也为会计人员的发展提供了更多的选择机会。从现代会计职业的发展趋势看,可以将会计行业的职业分为四类,即专职会计人员、审查会计人员、管理会计人员和研究会计人员。专职会计人员是指在企事业单位从事会计核算、会计信息报告及财务管理工作的人员,这类人员通常被称为"做会计的人";审查会计人员主要是对会计工作从不同的角度进行审查的人员,包括注册会计师、政府和企事业单位审计部门的审计人员、资产评估人员等,这类人员通常被称为

"查会计的人"，他们主要从事鉴证服务、税务代理、资产评估、管理咨询、税务咨询、融资咨询等工作；管理会计人员是指与会计管理有关的政府部门管理人员和其他组织机构的人员，这类人员通常被称为"管会计的人"；研究会计人员主要从事会计理论和实务的研究和教学工作，需要较强的专业研究能力和较高的学历，这类人员通常被称为"研究会计的人"。从社会对会计职业及会计人员的需求状况来看，管理会计人员需求量小且竞争激烈，而审查会计的人员和研究会计的人员就业门槛高、培养周期长，不可能作为高职会计教育的培养目标。因此，现阶段高职会计专业的人才培养目标应定位于培养专职会计人员。

2. 社会对会计数量的需求

据统计，全国中小企业每年增加近30万户，会计行业每年需要增加40多万名会计从业人员，而且中小型企业对会计人才的需求量呈逐年增长趋势。据对高职院校会计专业的调研分析，75%的高职院校将中小型企业作为毕业生就业去向，而近两年毕业生的就业去向中型企业占91%，其中中小型企业占79%。学生就业去向反映了社会对高职会计专业学生的需求程度，同时也反映了学生择业倾向。由此可见，财务人才的就业前景较为乐观，且用人单位在人才的使用上逐步趋于理智，用人浪费的现象得到了很大的改善，中小企业对高职会计人才的需求成为这类企业人才需求的主体。

3. 社会对会计岗位的需求

企业对会计专业人才的岗位需求是我们确定专业方向的重要依据。据相关调查资料显示，企业特别是中小型企业提供的财务会计专业岗位主要是会计核算、财务分析、财务管理三类岗位。其中，会计核算岗位主要负责填制凭证、登记账簿、成本计算、编制报表、纳税申报等工作，主要岗位有出纳、资金管理员、核算会计、税务会计等；财务管理岗位主要负责资金筹集与管理、税收筹划、财务预测、财务预算等工作，主要岗位有财务会计、预算会计、财务主管等。因此，高职会计专业人才培养目标的制定应紧紧围绕社会对会计岗位的需求，真正实现高职的职业特色。

4. 社会对会计素质的需求

（1）专业能力

作为企业会计信息的提供者，会计人员必须具备一定的会计专业能力，具体包括会计核算能力、计算机和财务软件应用能力、经济业务判断能力、财务分析能力等。会计核算能力是指熟练、准确地对常规会计事项进行确认、计量、记录和报告的能力，这是会计人员的基本功；计算机和财务软件应用能力，现在会计人员常常要根据工作的需要制作和打印各种图表和财务报告，进行各种信息资料的查询，完成财务信息的统计和披露工作；经济业务判断能力是指会计人员能够根据法律法规和会计惯例等标准，充分考虑企业经营环境及企业自身特点，运用专业知识对复杂的或不确定的经济事项进行辨识，做出处理决定的能力；财务分析能力是对财务活动的过程和结果进行剖析，运用专业理论评价单位的财务状况及其经营活动，对存在的问题提出恰当的解决办法，并预测未来，为企业提供决策依据的能力。在会计专业能力中，会计核算能力及计算机和财务软件应用能力是基础性能力，而经济业务判断能力及财务分析能力是培养提高的能力。前者可以通过学校的反复训练培养，后者则需要在实践中反复锤炼才能获得，但学校教育可以为其提供一定的知识基础和思维方法。

（2）社会能力

企业要求会计人员必须具备良好的沟通、表达与协调能力，且这种需求带有普遍性。沟通、表达与协调能力实际是指人的社会交际能力。在现代社会，良好的社交能力是一个人事业成功的重要条件，会计人员更不例外。会计工作处理的是单位与单位、人与人或单位与人之间的经济关系，这就决定了会计或会计部门工作的有效开展，既需要其他部门或人的配合，也需要会计人员去主动协调或配合其他部门或人员。对外而言，会计需要与税务部门、证券监管部门、银行部门等进行良好的沟通，要求必须具备协调与处理人际关系的能力、团队协作能力，具备主动联络与沟通相关部门的良好意识；对内而言，财务人员要将财务目标细化为各部门的目标，协调各部门主管完成各自的目标，当各部门目标有冲突时，必须担当协调人的角色。这就要求会计人员具有良好的心理素质，能够及时处理突发事件，有良好的工作适应能力与应变能力。因此，会计的沟通合作能力和组织协调能力对做好会计工作至关重要。

（3）职业道德

一般企业都要求会计人员能有较高的职业道德，这也是企业招聘时考虑的重要因素之一。企业往往把会计人员视为企业的"内部人员"，考察的周期比较长，对到企业实习的学生往往并不安排重要的岗位。企业希望毕业生能认同企业的文化和发展前景，能和企业共生共荣，要培养一名合乎企业主观意愿的会计人员并不容易。但部分高职会计专业毕业生眼高手低，不能安心工作，跳槽情况比较严重；有些毕业生心理素质差，经不起批评和挫折；有些毕业生安于现状，不求进取。为此，高职院校必须认识到职业道德教育的重要性，以各种方式和适量课时进行职业道德教育，加强对学生生存竞争意识的培养，提高学生的全面综合素质，使学生真正能够爱岗敬业，维护职业尊严，抵制来自各方面的压力和诱惑，树立会计信誉，将会计职业道德作为自己会计工作的底线。

（4）就业观念

中小企业由于自身的条件所限，往往不能给毕业生提供较好的工作环境，这就要求毕业生要有良好的心理素质和吃苦耐劳的品性。高职院校要让毕业生多了解现实社会，要有多种思想准备，调整自己的就业心态，放弃"工作是享受"的错误观念。与此同时，学校要加强学生寒、暑假期间的社会实践活动，要让学生了解毕业以后工作岗位的实际情况，以使学生在毕业后能尽快调整心态，适应岗位的需要。

（三）高职会计专业人才培养目标影响因素及重构

1. 高职会计人才培养目标影响因素

（1）高教文件

教育部2006（16）号文件中明确指出高职教育必须"以服务为宗旨，以就业为导向，走产学结合发展道路，为社会主义现代化建设培养千百万高素质技能型专门人才"。因此，高职会计专业人才目标的确定，必须深入社会生产实践的第一线，必须紧紧围绕市场对会计人才的需求，系统地分析人才市场对会计职业需求的状况和对会计职业的能力要求，准确定位高职会计专业培养的学生对应的职业岗位群和应具备的职业能力。只有在合理定位高职会计专业人才培养目标的基础上，才能科学地选择具有高职特色的会计专业人才培养模式。

（2）经济环境

当前企业的经营环境正在发生不断的变化，世界经济的重心正在从工业经济走向知识经济，信息技术正日益渗透社会的各个领域，会计必然要受时代变革的影响。现代经济对传统会计的影响主要有以下方面：首先，经济环境对会计基础理论的影响。传统会计基础理论局限于适应工业经济时代，在许多方面已不能对知识经济环境中出现的新问题进行解释和指导。其次，经济环境对会计核算方法的影响。由于计算机技术和网络的飞速发展，信息需求、供应及处理的多元化、会计处理凭证电子化，促使会计核算方法的更新和网络财务的产生。最后，经济环境对会计职能的影响。会计核算将从事后的静态核算扩展到事中的动态核算和管理，更重要的是要对会计信息进行分析研究并据以进行预测、决策、控制和考核。由此可见，随着社会经济环境的不断变化，会计人才培养模式必然受到极大的冲击，高职会计人才培养目标也将随之发生变革，以适应经济环境的发展。

（3）就业岗位

近年来高校不断扩大招生人数，会计专业各个层次的毕业生都大幅度地增长。而对严峻的就业形势，绝大部分高职会计专业的毕业生在中小企业就业。由于中小企业经济业务相对简单，工作要求较全面，会计技能要求较高且工作量大，许多会计本科生和研究生毕业后不适应或不愿意到中小企业工作，而中小企业对会计有巨大的需求量，且对会计人才规格的要求相对较低，这为高职会计专业毕业生提供了大量就业机会。同时，由于中小企业规模小、资金实力不足等，出于人力资源成本的考虑，引进高学历的会计专业人才还有一定困难。因此，中小企业需要高职会计专业毕业生，认为高职会计专业毕业生动手能力强、待遇要求不高，这就要求高职会计教育要切实以就业为导向明确培养目标。

(4) 教育层次

高职会计教育在层次上应区别于中等职业教育和本科教育，三者分属于不同的教育层次。不同层次的教育就应该有不同的培养目标，而且应符合各自层次的特点。目前，中专教育的培养目标正逐渐因社会进步而消失，导致中专教育的目标下降为适应企业会计操作岗位的初级会计人员，如出纳、银行前台工作人员、商场收银员、生产车间的核算员等，相应的知识能力要求主要在于培养其具体操作能力。本科会计教育培养中级会计人才，其培养目标是通过教育培养掌握会计基本理论、财务管理理论、较全面的会计实务知识、会计管理知识和较全面的经济、管理、法律、决策等理论知识，能应用会计科学理论、方法及信息技术，从事会计、审计或财务分析诊断、决策、控制等管理决策型会计人才。虽然高职教育与本科教育同属高等教育，但在会计教育目标上，本科会计教育的目标侧重于通才加专才，而财经类大学的目标大多定位在专才教育。相对本科会计教育，高职教育目标应定位为专才尤其是技术能力的培养上。因此，高职会计教育应有自己特色的培养目标，强调"应用性"的重要性，也就是高职毕业的学生，应该能立即从事具体的会计工作，不再需要或者只需要进行简单的培训就可以上岗。如果不能做到这一点，就失去了高职教育的意义，也就没有发挥出高职教育的特点。

2. 高职会计专业人才培养目标重构

教育部提出，高职教育的根本任务是培养面向生产、管理和服务第一线的技能应用型人才，以培养职业能力和基本素质为主线，以职业能力为本位，形成面向基层、针对岗位、强调应用、注重实践的教育教学特色。因此，高职会计专业的人才培养目标应以就业岗位、职业能力为导向，增强校企合作，建立校企双导制度，强调实训，突出实践能力的培养。依靠实践教学基地开展实践教学，通过高仿真的会计资料以及校企合作单位的实际会计资料进行实训，让学生掌握会计相关岗位必需的知识结构和基本技能，符合用人单位相应会计专业岗位的基本要求,达到专业培养目标与职业活动的零距离。

二、高职小型企业实战型会计人才培养目标定位

(一) 小型企业会计需求及其培养目标确定

近两年民营企业的发展趋势是每年增加民营企业约1.5万家。按每家小企业需要1名会计和1名出纳人员计算,每年要新增会计人员约3万人,而且小型企业对会计人才需求量的预测呈逐年增长趋势。根据对高职院校会计专业的调研分析,75%的高职院校将小型企业作为毕业生就业去向。福建商业高等专科学校会计专业毕业生近两年就业去向:企业占91%,其中小型企业占79%。学生就业去向反映了会计人才市场对高职院校会计专业学生的需求程度,同时也反映了学生择业倾向。通过实地调查研究,我们总结了小型企业会计的特点:每家企业财务部编制一般为2~3人;要求会计具备独立性、实战性、一专多能特点。一名会计不仅需要负责全部会计核算工作(编制凭证、记账、算账、编制会计报表),而且需要负责纳税退税报表、统计报表、资金报表、会计分析、融资和工商年检工作。会计工资一般不高。虽然小型企业经济业务较简单,但工作要求较全面;会计工资虽低,但会计技能要求较高,工作量大。所以许多会计本科生和研究生毕业后不适应或不愿意到小型企业工作,而小型企业会计需求数量巨大,这样为高职院校会计专业毕业生提供了大量就业机会。因此,通过高职院校会计专业与小型企业会计需求的相关性分析,我们认为应将小型企业实战型会计作为目前高职院校会计专业培养目标。

(二) 高职院校会计教育现状与小型企业实战型会计综合素质要求的差距分析

目前高职院校会计教育的现状能否满足小型企业会计岗位对会计专业毕业生的综合素质(包括基本素质、知识与技能)要求,根据对高职院校会计专业毕业生顶岗适岗情况的调查结果,被调查企业中有三分之二认为高职院校毕业生不能够立即顶岗工作,必须经过企业培养才能上岗,到企业一年以上才可能担任会计。为使高职院校会计教育满足小型企业对会计的要求,研究小型企业实战型会计培养模式,界定在目前的市场经济环境下小型企业实战型会计必须具备的知识和技能要素是十分关键的。为此,我们着重调查研究小型企业会计基本素质要求、小型企业会计工作范围以及必须具备的知识与技能,同时对目前高职院校会计教育的特点和现状进行了调研和分析。下面对调查统计结果进行比较分析,揭示目前高职院校会计教育与小型企业会计人才需求的差距。

1. 基本素质要求及分析。由于小型企业具有其特殊性，对会计的素质要求也具有其特殊性

(1) 小型企业会计基本素质要求

为便于分析研究，我们将小型企业调查问卷中各项目的数据进行整理，用 1~5 分来评估每项基本素质、知识和能力的重要性程度。"非常重要或非常需要"用"5 分"表示；"重要"用"4 分"表示；"不重要或无所谓"用"1 分"表示；"不需要"用"0 分"表示。以被调查企业中认为"非常重要或非常需要""重要""不重要或无所谓"的比例为权重，计算得出各基本素质与知识能力重要性程度的统计评分。根据调查统计数据，按上述统计评分原则，经计算统计得到小型企业会计应具备的各基本素质的重要性程度评分与排名。由此可见，小型企业会计应具备的最重要的基本素质是职业道德、爱岗敬业、团结协作、法律知识、计算机应用能力、对外交流、人际交往与书面文字方面的基本素质，尤其普遍认为职业道德、爱岗敬业、团结协作是"非常重要或非常需要"的。

(2) 高职院校会计教育对毕业生基本素质的要求

16 所接受调查的高职院校中，40%的学校重视基本素质教育。被调查学校全部开设的公共基础课有：毛泽东思想概论、邓小平理论、思想品德、法律基础、体育、高等数学、微积分、线性代数、概率统计、大学英语、计算机应用基础、数据库及应用、财经应用文写作；87.5%的学校开设了微观经济学，75%的学校开设了政治经济学等公共基础课。所采用的考试方式以理论课程考试方式为主，开课学时各校不相同。目前高等数学、大学英语等公共基础理论课的主流课时均在 150 学时以上。

(3) 高职院校会计教育现状与小型企业会计基本素质要求的差距分析

将目前高职院校会计教育对毕业生的基本素质要求与小型企业会计应具备的各基本素质进行对比，二者对学生的职业道德、法律知识、应用计算机进行会计核算和信息处理等方面的基本素质要求一致但高职院校教育更重视知识传授，重视学生的科学文化知识和继续学习能力，而对学生的团结协作、对外交流、人际交往（沟通协调能力）、组织能力方面的基本素质培养相对于小型企业会计的要求存在较大差距，这是目前学校培养教育的薄弱方面。从学校公共基础课课程设置及课时分配上看，会计教育仍存在传统大专办学思想，公共基础课面面俱到，能否从小型企业会计的基本素质要求需求出发，对一些对小型企业会计岗位没有实际意义的课程，是否应该被对小型企业会计岗位更有价值的课程所取代；高等数学、大学英语课时数能否适当减少；以及思想品德、职业道德等课程的教育教学方式、考试方式等问题值得思考和商榷。

2. 知识与技能要求及分析

小型企业的特征，对其会计知识技能提出了不同要求。

（1）小型企业会计必须具备的知识与能力

被调查的小型企业均表示需要会计人员熟练掌握各种会计要素的核算方法和账务处理，并要求会计人员能够选择会计处理方法、编制会计报表和进行财务分析与决策；98%的企业要求会计人员具有成本核算能力、分析会计报表能力及企业内部会计制度设计技能和内部审计能力；96%的企业要求会计人员具有编制财务预算能力；95%以上的企业要求会计人员具有处理纳税问题、办理报税实务的能力；68%以上的用人单位要求会计人员具备投资和融资能力。为进一步细化研究小型企业会计人员应掌握的各项知识能力的重要性程度，根据调查统计数据，按上述统计评分原则，计算统计得到小型企业会计应具备的各项知识能力的重要性程度评分与排名。小型企业会计最重要的是具备熟练掌握各种会计要素的核算方法和账务处理能力、编制会计报表和会计报表分析的能力、选择会计处理方法的能力、处理纳税问题和报税实务的能力、会计电算化软件操作技能等。其重要性程度排列前五名的是小型企业会计的核心能力。从而在一定程度上了解目前小型企业会计知识与技能的需求，掌握高职院校会计人才培养目标应有的基本内容。

（2）高职院校会计知识技能差距及思考

将目前高职院校会计专业的专业基础课、专业课及专业实践课课程设置与小型企业实战型会计应具有的专业知识和技能要素进行对照，经过分析认为，在知识和技能要求上的主要差距表现在以下方面：一是处理纳税问题及报税实务能力是小型企业实战型会计非常重要的能力，但在高职院校会计专业的专业课及专业实践课课程设置中没有得到应有的重视，只有少数学校开设了纳税会计实务，而且课时较少，处理纳税问题的实践训练则几乎没有。二是目前学校对企业内部会计制度设计技能、企业财务分析与决策技能、编制财务预算的能力、会计日常实务管理工作能力以及内部审计能力方面的培训不够重视，课程体系中普遍缺少关于这些能力的培训项目。三是虽然会计核算实际技能、会计专业实践能力被企业和学校普遍认同，但大部分被调查企业认为高职院校毕业生不能够立即顶岗工作，必须经过企业培养才能上岗，表明学校的"认同"与培养教育的"效果"还有较大的差距。企业会计人员主要技术是按照会计制度要求，对原始凭证进行分类汇总，编制记账凭证。会计毕业生不能立即顶岗的主要原因是不能对原始凭证进行正确的分类汇总，编制正确的记账凭证。因此，学校建立健全各类会计实验室（工业、贸易、房地产等），培养学生根据各类企业要求，对原始凭证进行分类汇总，编制记账凭证的技能，是解决会计毕业生到企业立即顶岗工作的关键。93.75%的高职院校会计专业配备实验室，用于学生在校内进行会计综合模拟实践训练，实践训练时间的设置、实践训练资料、实践训练内容的设置及指导教师自身实践能力都有待完善和加强。四是目前小型企业会计工作范围包括财务管理工作、税务工作、工商年检工作。普通会计负责账务处理，主管会计负责报销审核、记账凭证复核、资金管理、财务计划和经济合同审查，还须负责税务报表和融资工作，而高职院校会计专业实践课项目虽然包括校外会计认识性实习和会计毕业实习，但学生实习是否按照小型企业会计工作范围包括的内容进行实践还有待跟踪了解。

三、本科院校会计人才培养目标的定位研究

高等学校的会计专业人才培养目标，是国家的会计教育方针、培养目标和高等学校会计教学目标的具体体现，也在很大程度上决定了会计学课程体系设置及教学方法和手段的运用。因此，会计专业人才培养目标定位不仅对国家会计教育发展，而且对高校的会计人才培养具有重要意义。本节拟探讨目前我国高校会计人才培养目标的定位，期望以此促进我国会计教育发展和高素质会计人才的培养。

（一）本科院校对会计专业人才培养目标的基本定位："通才+专才"

会计人才培养目标的重要性使得其一直是我国会计教育界讨论的焦点。特别是在人才培养目标定位方面，争论尤为激烈。其中，上海财经大学与中南财经大学（现中南财经政法大学）的会计人才培养目标定位最具有代表性。20世纪80年代初期，上海财经大学与中南财经政法大学各自制订一套反映时代特点的会计本科教育改革方案，经过多年的探索和完善，形成了其各自的看法和观点。上海财经大学所确定的会计专业人才培养目标是"培养德智体全面发展的会计高级专门人才，要能够适应我国社会主义现代化建设的需要，胜任会计、会计教学与科研工作"。中南财经政法大学所确定的会计专业人才培养目标是"培养德智体全面发展，适合我国社会主义现代化建设需要，面向各级财政部门、主管部门和企业，同时还兼顾有关教学与科研方面的需要，完成会计师基本训练的财务与会计专门人才"。

20世纪90年代以来，我国社会主义市场经济体制的建立对我国会计人才提出了新的、更高的要求。我国会计教育界也认识到必须对会计人才进行改革和完善才能适应经济快速发展对会计人才所提出的要求，于是我国会计教育界对教育目标进行了深刻的反思，并纷纷呼吁对原来的培养目标进行修订。当时会计界主要有以下几种有代表性的观点：①会计

本科教育应为通才教育；②会计教育目标应定位于为实际工作部门（企事业单位）培养从事会计工作的专门人才；③培养多层次的既具有一定文化素养又具有扎实的专业知识，既能实践操作又具有一定理论水平的高层次会计专门人才。还有人主张应将会计本科生培养成通才基础上的专才，亦即基础扎实、知识面广的会计专门人才。

从多所本科院校的调查可知，"通才+专才"的组合是大多数学生公认的最佳选择。通才教育是大学教育的基础，专才教育是大学教育的核心。通而不专，解决不了社会问题，难以适应社会分工的需要；专而不通，导致知识专业化、思维片面化、情趣专业化，难以适应社会发展的综合性要求。因此，只有把通才教育同专才教育有机地结合起来，才能培养出具有全面素质且精通某一专门学问的会计人才，从此，"通才+专才"基本成为我国本科院校会计人才培养的目标。

（二）"通才+专才"会计人才培养目标定位的重要现实意义

"通才+专才"的会计人才培养目标定位为我国会计教育指明了方向，也指引着我国会计教学的改革。这一定位不仅体现了我国社会主义建设对会计人才的要求，也有利于完善我国会计人才培养的结构层次和指明我国会计教学改革的方向，是切合当代中国国情的现实选择，其现实意义主要体现在以下几个方面：

1. 能较好地满足我国经济和社会发展对会计人才提出的高要求

通才要求会计专业学生要精通与会计信息相关的经济、管理、财务、金融、战略等方面的知识，能从多学科的视角分析和解决会计问题并为企业经营管理决策提供相关的信息支持，以促进企业经济效益的提高和核心竞争力的培育。专才要求会计专业学生能系统掌握会计学的专业知识，精通会计业务，能为企业内部经济管理和外部信息使用者提供相关可靠的会计信息。

"通才+专才"会计人才培养目标的定位能较好地满足我国社会主义市场经济的深入发展对高校会计人才提出的客观要求。因为具备"通才+专才"的会计人才不仅能熟练运用会计理论和方法处理各种常规的和新兴的会计业务，如收入的确认、人力资本的确认和计量、公允价值的应用、金融衍生工具的确认和计量等会计问题，而且能运用多学科知识对未来的会计业务，如企业发展循环经济过程中所可能出现的各种会计问题，进行前瞻性预测、综合分析和科学决策。熟悉国际经济法规和国际会计准则的会计人员也能够运用国际会计理论和方法来处理会计准则的国际协调和趋同、外币业务的核算等经济全球化过程中所出现的各种经济业务。

2. 有利于形成科学合理的会计人才培养层次结构

目前的会计教育的层次结构是由中专、大专和大学、硕士研究生、博士研究生构成。不同层次结构上的会计人才培养目标显然应该有所侧重，否则不仅造成会计教育资源的浪费，而且也不利于我国社会主义建设对多层次会计人才需求的客观需要。在现阶段，科学合理的本科院校会计人才培养目标定位应该是立足我国实际，适应知识经济和经济全球化的要求，培养具备管理学、经济学、法学、会计学等方面的知识和能力，精通会计业务，熟知国际会计惯例，具有高尚道德品质和修养，富有创新意识，有较高外语和计算机水平，能在企业、事业及政府部门从事会计实务以及能适应实际工作需要的"通才+专才"的会计人才。

3. 为会计教学改革指明了方向

我国 20 世纪 90 年代以前的传统会计教育中，由于受计划经济体制的影响，过分强调会计的专业而忽视了会计人员综合分析能力的培养。20 世纪 90 年代以后，特别是社会主义市场经济的深入发展，会计在经济管理活动中发挥着越来越大的作用，人们逐步加深对会计的重要地位和会计人才培养目标的认识。但是由于对会计人才培养目标的定位较为模糊，使得会计课程体系设置、教学方法和手段不能满足新形势下对会计人才培养的需要。会计人才培养目标也始终处于争议之中。"通才+专才"会计人才培养目标的确定无疑使模糊的定义有了清晰的界定，从而为会计教育改革指明了方向。这种人才培养目标的定位使得教师重新认识经济学、管理学、金融学、市场营销学等专业公共课在会计学生专业知识体系中的价值和意义，并将这种教学理念贯彻到会计的教学中去，启发学生积极运用多学科的知识来分析和处理会计业务，从而真正实现会计人才既是具有综合分析能力的"通才"又是精通会计业务的"专才"的会计人才培养目标。

（三）实现"通才+专才"会计专业人才培养目标的对策

"通才+专才"的会计人才培养目标为我国会计教学改革和会计人才培养指明了方向。但是我们也看到，目前的课程体系设置、教学方法、教师素质等因素还不能完全满足这一目标的实现。因此，我们应不断改革和完善会计教育和教学，采取以下对策来实现我们"通才+专才"的会计人才培养目标。

1. 根据市场和社会的需要调整和改革现有会计课程体系

现有的会计课程体系主要是由公共课、公共基础课和专业课组成，形式上虽然是完整的，但深入研究就会发现，目前的公共课，如英语、计算机、数学、哲学等课程和公共基础课程，如管理学、经济学、经济法、税法等课程的设置都没有与会计结合起来，没有真正构成会计课程的重要组成部分纳入会计知识体系中来，使得学生不能完整系统地运用这些学科的知识来分析会计问题，显然是与培养会计的"通才"相违背的。因此，我们在保持原有公共课程的基础上增加会计哲学、会计伦理学、会计法等学科，使学生能运用所学的经济学、管理学、哲学等理论和方法来分析和解决会计业务。

会计专业课程也应该在原有的基础上顺应时代发展的要求进行扩展。为了适应市场经济特别是经济全球化的需要，我们应拓宽会计专业课的范围，除原有的高级财务会计、管理会计等课程外，还应包括西方财务会计（双语）、国际会计准则、国际比较会计、国际财务管理、人力资源会计、环境会计、价值链会计、实证会计等会计前沿理论和方法等课程。同时，作为一门应用型学科，会计课程体系中必然要包括实践课程，构建会计学认识实习、专业模拟实习、电算化会计实习和实践基地实习等课程，将所学的理论知识应用于实际工作中，实现理论与实践的良好结合。

2. 重视培养会计专业学生职业判断能力，提高会计专业学生的综合能力

所谓会计职业判断，是指会计人员在会计法规、企业会计准则、国家统一会计制度和相关法律法规约束的范围内，根据企业理财环境和经营特点，利用自己的专业知识和职业经验，对会计事项处理和财务会计报表编制应采取的原则、方法、程序等方面进行判断与选择的过程，具有专业性、目标性、权衡性和社会性等特征。会计职业判断受多种因素的影响，不仅仅包括会计原则的选择和协调、会计政策的选择和会计估计方面，而且这种判断贯穿于会计确认、计量、记录和报告整个会计处理过程。知识经济时代和经济全球化对会计人才的能力提出了更高、更全面的要求，而传统的大学会计教学过分强调会计专业知识的学习，忽视了经济学、管理学等学科对理解会计知识的意义，造成学生的知识面非常狭窄，不能满足我国市场经济的发展以及会计国际化趋势对会计人员所提出的高要求。职业判断能力培养要求会计专业学生将所学的知识融会贯通，多思考、多创新，运用更广阔的思路、多学科的知识来思考会计理论和实践问题，真正实现既"通"又"专"的高级应用型人才。

3. 提高教师的综合素质

教师在会计人才培养目标实现过程中发挥着举足轻重的作用，教师的综合素质决定了教师作用发挥的程度。为达到培养"通才+专才"的会计专业人才培养目标，笔者认为应从以下几方面来提高教师的素质：

提高教师的责任意识。责任心是教师进取的动力和压力，只有加强教师的责任意识，

才能促使教师不断探索新的知识，不断提高自己的教学水平，才能培养出高素质的学生；提高教师的科研能力和实践操作能力。会计作为一门应用型学科要求教师具备较高的实际操作能力。这就要求教师打破"闭门造车"的学习模式，积极主动走出学校，走向社会，将自己的理论运用到企业的经营管理中，提高自身的实践能力。鼓励教师积极采用先进的教学手段和教学方法。教师应更多地采用多媒体这种先进的教学手段，还应积极收集实际案例资料，通过案例分析，引导学生积极参与案例讨论，这样既能大大调动学生学习的积极性，又能深化学生对知识的理解。

总之，会计专业人才培养目标的实现需要教师、学生和学校等多方面的共同努力，我们应该在培养目标的指引下不断优化教学环境，设置科学合理的课程体系，积极采用先进的教学模式，提高教师的综合素质，充分调动学生学习的积极性，为我国社会主义现代化建设培养更多更好的会计人才。

四、"专升本"院校会计人才培养目标的变迁及其影响

随着我国高等教育事业的发展，近几年来，我国有一批高等专科学校升格为普通本科院校，简称"专升本"院校。"专升本"院校处于转型时期，既不能完全照搬老牌本科院校与重点本科院校的培养目标，又不同于其专科时期的培养目标。而人才培养目标的变迁势必影响为了实现培养目标而采取的组织形式及运行机制，诸如培养规格、培养方案、培养途径和教育评价等。本节以会计人才培养为视角，对"专升本"院校人才培养目标的变迁极其影响展开研究。

（一）会计人才培养目标的变迁

对于"专升本"院校会计人才培养目标的认识，存在两种观点：一种观点认为，"专升本"院校尽管升格为本科，但在全国的高等教育格局中所处的相对位置并没有明显的变化，因此，其人才培养目标应保持不变。既然专科时期以培养应用型人才为目标，则本科时期应仍以应用型人才为培养目标。另一种观点认为，"专升本"院校作为本科院校，毕竟不同于专科学校，它们之间人才培养目标有很大的差别，因此，"专升本"院校升本后就不应仅仅定位为培养应用型人才，而应做到学术型人才与应用型人才培养并重。

前一种观点，用静止的思维去对待变化了的事物，将本科教育等同于专科教育，目标定位偏低，是不正确的。而后一种观点，没有考虑到"专升本"院校同老牌本科院校或重点本科院校存在的差距，只是简单照搬老牌本科院校与重点本科院校的培养目标，目标定

位偏高。有人认为，本科教育与专科教育均是培养"应用型人才"，它们之间的区别主要表现在"本科应用型人才"比"专科应用型人才"创新能力强。因此，"专升本"院校应定位为培养应用型、创新型人才。

我们认为，真正意义上的创新不仅对专科生而言很难，对本科生来说同样不易。本科院校与专科院校之间的人才培养目标的差别主要不是表现为创新能力的差别，而是表现为应用型人才层次上的差别。应用型会计人才存在三个层次。

1. 工程类应用型

这类会计人才的特点是：他们具有非常丰富的实务经验，在理论与实务两个方面，他们偏重于实务，这是他们与学术型人才的区别；他们具有比较丰富的理论知识，有很强的财务分析能力，善于发现问题、分析问题并解决问题、他们还具有良好的人际沟通与协调能力，参与企业日常各项管理、税务筹划、投资融资决策等活动。

2. 技术类应用型

这类会计人才以从事会计核算工作为主，有一定的会计理论知识，能进行一定的财务分析，参与一定的管理活动。

3. 技能类应用型

这类会计人才从事执行性会计工作，具备一定的会计基础知识，较好地掌握会计核算能力和熟练的计算技术，能够操作计算机和使用会计软件，并能编报真实可靠的财务会计报告。"专升本"院校应以培养工程类应用型会计人才为会计人才培养目标。

（二）会计人才培养目标变迁的影响

人才培养目标的变迁势必影响为了实现培养目标而采取的组织形式及运行机制，诸如培养规格、培养方案、培养途径和教育评价等。

1. 对人才培养规格的影响

人才培养规格是人才培养目标的具体化，知识、能力、素质是构成培养规格的"三要素"，缺一不可。高等专科学校培养技术类应用型会计人才，重在技术，兼顾管理，对学生的素质与知识两个方面培养的要求不高。"专升本"院校培养工程类应用型会计人才，重在管理，兼顾技术，对学生的知识、能力与素质三要素同等程度重视，即"厚知识、强能力、高素质"。厚知识是理论知识与实践知识的统一，是广博与精深的统一；强能力是思维能力和实践能力的统一，是应用创新能力、社会适应能力、职业竞争能力和可持续发展能力的统一；高素质是专业素质与公民素质、人文素质与科学素质的统一。厚知识是基

第四章 会计人才培养的目标定位与体系构建

础,强能力是核心,高素质是目标。具体表现为:

第一,从知识方面看,培养学生熟练掌握中国会计准则与会计制度、熟悉国际会计准则和惯例,学生应具备良好的金融学、保险学、统计学、工商管理学、法学以及计算机应用等相关学科知识,具备较高的英语与高等数学知识。

第二,从能力方面看,培养学生很强的会计实务操作能力、财务分析能力、管理能力以及英语听、说、读、写能力,学生应能进行企业管理、税务筹划、投资融资决策等。

第三,从素质方面看,培养学生具有良好的政治素质和守法意识、良好的职业道德、高尚的品质与情操,心理素质过硬。

"专升本"院校会计人才培养目标的变迁,对学生的知识、能力与素质提出了更高的要求。

2. 对人才培养方案的影响

人才培养方案是指有关人才培养的重要规定、程序及其实施体系,是人才培养得以按规定实施的重要保障与基本前提。专业设置是人才培养方案的核心。

高等专科学校培养"专才",因此,会计专业设置上突出了行业特色。如工业会计专业、商业会计专业、银行会计专业、保险会计专业等。这种专业设置符合职业技术教育的特点,但会导致学生知识面窄、发展后劲不足等问题。

"专升本"院校培养"通才",因此,在专业设置上应体现"宽口径、厚基础"的特点。尽管我国本科教育专业目录将会计类专业划分为会计学和财务管理两个专业,但是,"专升本"院校在办学实践中宜将审计学独立出来,形成会计(狭义)、审计、财务管理三分天下的格局,这样才能与实务工作中会计、审计、理财三分天下的职业格局完全对应。"专升本"院校会计人才培养目标的变迁,要求避免会计专业设置细分化倾向。

3. 对人才培养途径的影响

人才培养途径是实现培养目标的关键,包括教学计划、课程体系、教学组织形式和教学环节等。其中,课程体系是核心,高等专科学校的会计课程设置受专业设置的影响,职业教育的特色比较鲜明,会计课程设置过细,如开设了工业会计课程,又开设商业会计课程,往往造成教学中部分内容重复讲授的现象。

"专升本"院校在会计课程设置上应采用以模块教学为思路,注重课程之间的衔接。这样既可以避免课程设置过细造成重复讲授的现象,又可以避免课程设置粗放从而带来知识脱节的现象。"专升本"院校宜将全部教学课程分为公共课、学科基础课、专业核心课、专业限选课和任选课五个模块。前三个模块是基础,可相对固定;后两个模块可视社会需求适时调整，以体现本科教育特色。

在五个模块中，公共课包括思想政治课、大学英语、高等数学、计算机、经济应用文写作等课程。会计学科基础课包括微观经济学、宏观经济学、管理学、金融学、统计学、会计学原理、财务管理原理、审计学原理等课程。会计专业核心课包括中级财务会计、中级财务管理、中级审计学、成本会计、管理会计、经济法、税法、计算机会计信息系统等课程。在专业核心课设置上应把握两点：第一，不分会计（狭义）、审计、财务管理专业方向，体现本科教育培养通才的特点；第二，应突出"专升本"院校的办学特色，例如，金融类"专升本"院校应强调金融企业会计与保险企业会计这两门课程。会计专业限选课应按会计专业设置三个方向分别设置不同的课程。会计方向应开设高级财务会计、会计史、会计制度设计、政府与非营利组织会计、国际会计、会计英语、会计理论前沿等课程；审计方向应开设高级审计学、审计史、审计英语、审计理论前沿等课程；财务管理方向应开设高级财务管理、理财史、财务管理英语、财务管理理论前沿等课程。任选课由学生根据自己的兴趣爱好自由选择。课程可以突破会计专业的框架，涉及美学、文学、音乐、书法等领域。"专升本"院校会计人才培养目标的变迁，要求会计课程设置模块化。

4. 对人才教育评价的影响

人才教育评价，是指对实施教育的过程和结果进行考核和测评，包括学校内部评价与社会外部评价。

社会外部评价，主要评价毕业生群体能否很好地适应市场的需求。学生毕业就业率、学生毕业后的发展状况和学校招生情况可以作为社会评价的替代变量。高等专科学校在外部评价中更多地关注学生的毕业就业率，学生毕业时能找到工作就行，就业是硬道理。这没有错，但还不够。"专升本"院校在外部评价中，不仅要关注学生毕业时的就业率，还要关注学生就业后的发展问题。一句话，其外部评价深度化了。

而外部评价与内部评价是相互联系、相互作用的。外部评价的变化，对内部评价有重要影响，外部评价深度化要求内部评价范围宽泛化。总之，"专升本"院校会计人才培养目标的变迁，对会计人才教育评价的广度与深度有重大影响。

第二节 会计人才培养的体系构建

一、会计人才培养体系的构建

(一) 问题的提出

随着我国市场经济的飞速发展，市场对各个层次会计人才的需求日益增加，但是我国当前的会计人才培养体系却无法适应市场需要，因此构建长效的会计人才培养体系成了亟待解决的课题。一方面，当前我国在会计人才培养方面存在很多漏洞和缺陷，培养体系不完善、不合理，过于重视理论教育忽略学生实践能力的培养，造成当前所培养的会计人才"量与质不匹配"，难以满足社会需求。另一方面，会计人才培养体系的不科学也导致了会计初级人才、中级人次和高级人才分布比例不均衡，市场上的初级人才供过于求，而高级会计人才在未来相当长时间内仍有较大缺口。随着互联网的普及与经济全球化的深化，会计教育也正经受着"优胜劣汰、适者生存"的洗礼，我国当前会计人才培养体系的弊端日益显现。

(二) 会计人才培养体系构建问题研究的意义

会计人才培养体系的研究对于平衡会计人才的供给与需求、解决各个层次会计人才的就业问题大有裨益，对于我国经济的长足发展和社会的稳定都具有重要意义。经济全球化的深化以及我国改革开放的进一步发展，跨国企业以及我国民营企业得到了进一步发展，再加上科学技术的发展、互联网的推动，促使市场上企业间的竞争日益激烈，这就对会计人才的"量与质"提出了更高要求。

国际会计师事务所涌入中国，也加剧了中国会计行业的竞争，它们成熟而优质的会计服务使我们更加意识到加强会计人才培养体系的构建、提供优质的会计人才服务对于提高我国会计服务行业的实力和整体竞争力具有关键作用。

此外，会计人才培养体系的研究对于壮大我国职业教育也具有重大意义，应用型会计人才的培养属于职业教育的范畴，培养既熟悉会计法规又具有良好实操技能的会计技能人才，不仅是中等职业教育的任务，高等职业教育也责无旁贷。2014年5月国家教育部的改革方向已经明确：国家普通高等院校 1200 所学校中，将有 600 多所转向职业教育，转型的大学本科院校正好占高校总数的 50%。此举正是为了解决企业技术人才相对短缺问题，把职业技能培养放在首位。

（三）会计人才培养体系构建路径

当前我国会计人才的培养体系构建的任务主要是要均衡初级、中级、高级会计人才的比例，构建系统、完善、科学的会计人才培养体系，以适应社会经济发展的需要。

1. 从学校教育角度考虑

（1）教育理念

教育理念关系到人才培养方向，对于整个会计人才培养体系的构建具有指导意义。在会计人才培养方面主要注重三个基本原则：一是人才的培养与市场需求相匹配的原则；二是会计人才的培养与行业发展相结合的原则；三是人才培养坚持产学研有机结合的原则。

我国当前的会计学校教育可以说是成绩很大，最突出的表现就是无论是中专业学校，还是大专院校几乎都开设了会计专业，可以说是全民办会计，但这种量大质不优的壮大也带来了很多问题，导致会计人才培养层次与市场不匹配，不能满足市场需要。

因此，我们的会计学校教育需要转变理念，适应时代的发展变化。首先，明确会计教育目标，以市场对会计人才的需求为导向，不唯学历，重视会计实际技能和工作能力的培养，向企业输送合格的会计人才，改变当前一方面会计人才就业难，另一方面企业急需的会计技能人才又严重缺乏的状况，提高供需双方的满意度。要做到这一点并不容易，企业和学校之间需要架起沟通的桥梁，彼此不断沟通、反馈。只有这样，才能建立符合社会需求的会计教育目标。

其次，要将会计人才的培养与行业发展结合。不同的行业会计处理以及会计人才素质要求的侧重点各有不同。以往的会计教育模式培养出的人才，一般情况下到新的用人单位需要对所处行业的知识和处理方法重新了解和掌握，这就暴露了传统"通用型"人才培养的弊端，难以体现不同行业会计人才的特征和能力需求。因此学校教育在课程体系设置方面，可以根据自身所处地域差异以及行业发展状况，适当开设一些选修课程，针对学生的行业选择偏好，着重介绍不同行业会计处理的方法和区别。

最后，会计人才的培养层次应该丰富化，既需要实践能力强的应用型会计人才，也需要一部分会计人才走上学术科研之路。因此，在教学理念中必须牢固树立产学研相结合的原则，通过三者的有效结合实现社会、学校、会计人才的共赢。

（2）基本思路

学校教育是会计人才培养的主要阵地，因此，我们需要从各个层次的会计学校教育入手，提高会计人才的培养效率。这就要求各个层次的学校认清自身的培养定位，调整课程设置，创新教学方法与手段，各个层次的学校要认清自己所培养的会计人才的定位。当前我国会计学校教育虽然规模庞大，但各个层次的学校对自己人才培养的定位都不够准确。各大中专院校应着力于"基础性会计人才的培养"，使其具备基本的会计职业能力，能迅速适应基层会计工作岗位的需要。而高层次的硕士、博士的培养定位则是既具有专业知识与技能，又具备开拓创新能力和科研开发能力的中、高级会计人才。

各学校还应该调整课程设置，在课程体系设置时充分注意理实结合。一方面在理论知识课程设置时，侧重培养学生在会计核算、财务管理、税务筹划方面的知识素养；另一方面，关注实践教学环节的设置和改进，充分结合校内实践与校外实践，既要有针对专业课基础知识的基础训练，也应该包括企业的岗位实习活动，加强校企之间的合作。

创新教学方法与手段，无论是哪个层次的学生都不喜欢满堂灌的填鸭式教育，这样的被动学习使学生苦不堪言，教师也吃力不讨好。因此，会计教学应改变传统的以教师为主体的教学方法，培养学生的课堂参与意识，开展会计实务分组模拟操作小竞赛、主题辩论、角色扮演等活动。同时充分利用现代化的教学手段，一改过去的"纸上谈兵"，将教学案例、典型错误等内容用多媒体展现出来，与学生进行互动，为学生提供丰富多样的课堂教学。

（3）培养目标

新时期条件下，会计人才培养体系的构建与完善，不仅要严格遵守教学理念和教学思路，也应该随着时代的变迁与时俱进。会计人才培养体系的目标应该是：以市场需求为导向，均衡会计初级人才、中级人才和高级人才的比例。培养初级会计人才的中专、大专院校重点培养学生的会计实际操作能力，以满足中小型企业对会计基层岗位的人才需求，而作为会计人才培养重要环节的本科院校不宜将培养目标定位过高，要结合实际，放低身段。一些老牌、实力雄厚的研究型本科院校生源素质高，培养目标主要是理论扎实、综合能力过硬的会计人才，为后续培养科研型、学术型高级会计人才奠定基础。而一些地方性本科院校则应该致力于应用型会计人才的培养，为地方经济做出贡献；硕士教育培养目标则是理论扎实、系统，有较强的科研和创新能力的中、高级会计人才；博士培养主要是培养视野开阔，掌握本门学科坚实理论和系统的专门知识，具有独立从事学科研究、高级管理能力，并能做出创造性研究成果的高级人才。总而言之，会计人才培养体系最终所要培养出的会计人才必须是能适应现代化经济发展的各类各层次人才。

(4) 培养过程

学校会计教育在人才培养过程中可以将基础知识学习、岗位能力培养与会计从业资格证书、初级会计师考试内容结合起来，开设证书培训课程，实现"专业理论知识、岗位能力、技能证书"三者有机结合，力求学生毕业时毕业证和会计从业资格证都能拿到，实现"零距离上岗"。

根据社会需求，确定恰当的会计人才培养比例后，针对这三个层次的不同培养主体，教授不同层次的理论知识，培养不同程度的工作能力。其中初级会计人才侧重于会计基本操作技能的培养，中级会计人才的培养则要求学生具备一定的应用技能和管理技能，高级会计人才的培养则注重决策能力和管理能力的锻炼与塑造。会计人才培养过程中还应该考虑到学生的实际情况、学习基础、兴趣爱好和个人的成长意愿，给学生创造多元发展的机会。实际操作时可根据学生的选择偏好，实施分层教学，从教材准备、课堂设计、考核评价进行科学分层，使不同层次的学生都学有所获。例如对倾向就业的学生，可着力培养其就业必备的岗位技能和应用能力；而选择继续深造的学生，可以通过开设"提高班""实验班"或"课外兴趣小组"等方式来满足他们更高层次的学习需求。

此外，会计人才培养过程中知识和能力固然重要，职业道德教育也不可小觑，两手都要抓，两手都要硬，再优秀的会计人才如果没有良好的职业道德，输送给社会的可能是危险品，甚至可能是定时炸弹。因此，学校在会计人才培养过程中要加强学生思想政治教育和职业道德教育，帮助学生树立正确的人生观、价值观，引导学生学会正确处理公私关系、奉献与索取的关系；通过案例分析讨论，让学生提前在课堂上感知会计行业可能出现的一些道德难题、道德困境，引导学生分析并找出合理的解决方法，让学生体会到现实生活中有些道德难题的评判不能简单地用对与错评判，处理起来会有很多技巧，从而培养学生的职业道德思维，提高学生的职业道德能力。

2. 从后续培养角度考虑

会计人才的培养并不是某一个阶段的过程，应该注重其连续性。因此，需要建立会计人才的后续培养制度，注重人才的再教育。

第一，加强会计人员的在岗培训。通过建立良好的培训制度，对会计人员进行新的业务知识、税务知识等培训并强化会计职业道德教育，要求会计人员坚持准则，客观公正，敢于同违反财经法规的行为做斗争。此外，对在岗会计人员可推行绩效管理，引入竞争机制。此举既改善了会计人员的物质和精神待遇，也在无形中给了会计人员一定的压力，使得他们更重视在岗培训,争取早日成长为业务上的多面手。

第二,要完善会计继续教育体系。会计政策法规不断推陈出新,要求我们的会计人才在走上工作岗位之后仍然需要继续学习、提高。但现行的会计继续教育体系不够完善,有空子可钻,使得很多会计人员的继续教育流于形式,没有真正起到作用。因此,首先我们应该推行会计继续教育法制化,制定相应的法律法规为继续教育的切实推行和实施提供保障,对会计人员参加继续教育的行为进行约束,使会计继续教育规范化、法制化。其次,要严格会计继续教育的考核机制,不同层次的会计人员在参加完会计继续教育之后应采取不同形式的考核方式,初级、中级会计人员可采用闭卷形式来考核他们对继续教育内容的掌握情况,高级会计人才可采用开放式考核,考核他们分析问题、解决问题的能力,并将考核情况作为年度考核、评聘、人才流动的重要依据。最后,要丰富会计继续教育形式,可不拘泥于统一形式,而是根据会计人员的不同层次、接受时间和接受能力,采用集中授课、网络教育等形式,并将完成会计相关课题研究、发表会计学术论文、参加会计职称考试等都纳入继续教育认可的范围。

第三,通过建立会计人才资源库的方式,详细记录各会计人才的成长过程与实践经历,将人才的培养和有效使用相结合,通过实践来检验人才的能力,进而有针对性地为人才发展提供更好的后续服务和教育。会计人才的后续培养还应该加强各地区之间人才库的沟通与交流,通过双方的互动与合作,进一步提高会计人才的影响力,发挥后续教育的辐射作用与指导作用。在实践过程中,会计人才发现自身的欠缺,借助后续教育的方式可以更加快速有效地提升自身专业能力,提升服务水平和服务质量。

二、高层次会计人才培养体系的完善

本节首先分析我国完善高层次会计人才培养体系的必要性;其次,基于对大型企业、行政事业单位、会计学术界以及注册会计师领域中高层次会计人才的需求现状进行分析;最后,针对如何完善高层次会计人才培养体系,给出了建议。

(一)我国高层次会计人才需求现状

财政部2010年10月11日颁布了《会计行业中长期人才发展规划(2010—2020)》(下文简称《人才发展规划》),对会计领军人才的培养和建设给予了高度重视。

1. 企业财务高管

《人才发展规划》指出,到2020年,我国要培养900名素质高、复合型、国际化企业类的会计领军人才，促进大型企业经营管理水平的提升，更好地帮助企业实施"走出去"战略，加快中资企业的国际化进程。

2. 行政事业单位高管

行政事业单位的高管除了要熟悉事业单位的会计核算和财务管理方面的知识外，还要能站在事业单位战略的高度，为本单位赢取更多的资源和发展契机。《人才发展规划》指出我国在注重提高行政事业单位的现代化管理水平的同时，还应该加大高级会计人才的建设力度。其目标为：到2015年，大型企事业单位具有国际业务能力的高级会计人才需要新增30 000人，到2020年则在2015年的基础上再新增30 000人。这样的举措将大力提升行政事业单位总会计师的能力素质，进一步提高事业单位现代化经营管理水平和国际竞争力。

3. 会计学术领军人

会计学术领军人需要具备突出、完备的知识结构和学术研究能力，同时具有良好的国际交流能力。《人才发展规划》制定的目标是：到2015年具有国际水准的会计学术带头人新增40人，到2020年则在2015年的基础上再新增60人。重视会计学术领军人的培养有着深远的意义，这将不仅仅加强我国会计准则在国际上的话语权和影响力，更重要的是能为我国持续培养具有国际水准的会计高级人才，促进我国会计理论和会计教育的持续繁荣发展。

4. 注册会计师行业领军人

《人才发展规划》的目标是到2015年培养600名具有国际认可度的中国注册会计师，到2020年则在2015年的基础上再新增2000人，并推荐其中大约50名的高端人才到国际性或区域性会计审计组织去任职或服务。

（二）完善我国高层次会计人才培养体系

由于历史以及现有的会计人才教育体系不完善等，我国高层次会计人才的职业能力、知识结构和文化水平以及综合素质都与以上形势对于会计人员的需求有较大的差距，这造成我国高层次会计人才的供给远远不能满足新形势下的需求。供给与需求的失衡使得我国会计的可持续性发展面临着严峻的挑战。完善高层次会计人才的培养体系已经成为亟待解决的问题，笔者针对此给出以下建议：

1. 改革高层次会计人才继续教育体系

鉴于会计职业的重要性以及知识经济时代对高层次会计人才的新要求，我国应当进一步完善和改革会计继续教育体系，按照新形势下对高级会计人才的特殊职业能力要求，来设计和实施专门针对高层次会计人才的继续教育体系和方法，争取能为社会主义的经济发展培养更多的高级会计人才，以让他们更好地发挥在经济管理方面的重要作用。具体来说，应当从以下几个方面入手：第一，构建继续教育框架体系。我国应当结合高层次会计人才的特点来设置相应的课程、更新教学内容、注重教学方法，使他们及时更新自身的知识结构，加强业务素质。第二，因材施教。在教学具体实施的过程中，不能"一刀切"，应当按照每个人的具体情况采取不同的教育方式，提高每个人自己的学习和创新能力。第三，财政部和相关监管机构应当监督和跟进继续教育工作的实施，及时发现并解决其中存在的问题，更好地完善继续教育体系。

2. 加强高层次会计人才在岗培训

会计工作本身具有较强的实践性，需要在掌握理论逻辑的基础上不断实践，才能将会计工作做好。所以，企事业单位或者政府机构都应当注重对高层次会计人才的在岗培训，使他们在了解一般企业会计准则的同时，能结合单位自身的盈利模式和会计核算特点更好地处理相关财务会计问题，更好地指导未来的会计工作。第一，需要推行以人为本的管理思想，吸引高素质的会计人才，充分尊重人才，不断开发人才的潜能，促进人才的全面发展。第二，建立良好的培训制度，不断拓展高层次会计人员的知识结构，以适应会计的改革和发展，从多层次和多渠道两个方面不断完善培训制度。第三，改善绩效管理，引进竞争机制。一方面改善激励机制，提高高级会计人才的生活质量，增加他们的福利，让他们在工作之余无后顾之忧，同时注重精神层面的激励；另一方面引进竞争机制，有竞争才有活力，加强他们的危机感，才能保证高层次会计的不断进步。第四，创新招聘和选拔人才机制，本着"不拘一格降人才"的理念，看重每个人的业务能力和综合素质，而不是学历、经验等外在要素，创造良好的选人和用人制度环境。

3. 建立科学的高层次会计人才考评体系

我国现有的高级会计人才评价体系是以会计考试和发表论文两个维度组成的，二者均以传统的财务会计知识为主。《中华人民共和国总会计师条例》中明确指出：总会计师需要组织和领导本单位的财务管理、成本管理、预算管理、会计核算和会计监督等工作，参与本单位重要经济问题的分析和决策过程。而高级会计师的考评注重于财务会计领域的知识，造成了考评体系与实际的任职资格不匹配等问题。针对高层次会计人才考评体系的改革和完善，笔者提出以下建议：第一，考评体系需要站在企业战略层面的高度来制定，根据现代企业中对高级会计人才的能力和素质要求，以及需要对重要经济问题进行分析后给出决策支持信息，所以考评体系应当不仅涉及财务领域，还要涉及非财务领域，并且需要对战略决策给予高度关注。第二，在评价体系中注重对高级会计人才的沟通、决策和领导等管理能力和技能的考察。因为高级会计人才是公司的高级管理人员和行政指导，在公司整体的管理框架中起着举足轻重的作用，一定要具备管理方面的技能之后，才能更好地胜任工作。第三，注重对伦理道德的考察，特别是在高级管理人才的任职资格和能力评价体系中，伦理道德因素往往是不可或缺的，因为他们在工作中会因为权力而面临很多的诱惑，此时考察他们的伦理道德观对他们胜任岗位的可持续性提供有力的保障。

4. 完善高级会计人才市场

人才市场给人们提供了人才竞争的场所，它是人才信息汇总和交流的场所，更重要的是人才资源配置的一种机制。针对我国高级会计人才市场的现状，笔者提出以下建议：第一，加快建立会计人才市场中心。会计不同于其他行业，它对于人才的诚信以及专业技术能力都有较高的要求。然而，实际情况是目前我国并没有专门的高级会计人才市场对人员的信息以及诚信记录进行明确的规范管理。应当由政府牵头来加强这一市场的建立，以更好地完善会计人才市场，对其市场活动进行更好的服务、监督和管理。所有参与会计工作的人员信息都需要经过会计人才市场的认定，并随时与用人单位保持信息共享，对人员的经历信息进行及时更新。另一方面，市场的规范也能保护会计人才的合法权益，避免出现用人单位胁迫会计人员从事违法会计行为的现象发生，从而提高会计信息的质量。第二，建立健全会计人才市场的法律法规体系，给市场正常运作提供更好的保障。第三，进一步拓宽高级人才市场的服务功能，更好地适应高级会计人才的信息化、国际化等趋势。

三、法务会计人才培养体系的构建

随着市场经济的迅速发展，社会环境和经济运行过程日益受到法律规范，与此同时，利益的驱动与诱惑，致使涉及经济的违法违纪及犯罪案件急剧增多，急需能够客观公正地处理这类案件业务的法务会计人才。人才培养靠教育，人才培养目标的实现关键在于构建合理的人才培养体系及应用体系。

（一）概述

法务会计学科体系的建设与发展，对法务会计教育及人才培养体系的促进作用和对法务会计实践的指导作用是非常直接的。这是因为各种法务会计学科在形成与发展过程中，是为了适应法务会计教育及人才培养的需要。在此基础上，法务会计人才培养体系应包括：第一，应明确法务会计人才培养目标；第二，探索法务会计人才培养模式；第三，设计法务会计专业课程体系及专业课程设置；第四，将现代教学手段融入法务会计教学中；第五，确立法务会计实践教学模式；第六，争取法务会计人才的资格认证；第七，加强法务会计人才培养制度建设等。这些内容相互依存、密切联系，构成了法务会计人才培养体系。是谁需要法务会计信息、以何种方式应用、法务会计工作有何特点，这些内容构成法务会计的应用体系。法务会计理论是通过法务会计人才实现其应用的，反过来经过实践检验，从而发现理论存在的问题并加以补充和完善。

（二）法务会计人才培养体系

法务会计人才培养体系指在一定范围内按照一定的秩序和内部联系组合而成的整体，该体系的构建与优化，是促使法务会计理论发展与应用的关键。

1. 法务会计人才培养目标

法务会计人才培养目标是人才培养目标体系中的基层目标。对法务会计人才培养目标的认识，是确定法务会计教育其他环节的起点。只有确定了法务会计人才的培养目标，才能对法务会计教育的其他问题进行相应的研究。法务会计人才培养目标主要是培养掌握基本会计理论和技能，具有审计、法律等相关专业知识与基本技能，并具有创新意识、较高的职业道德和较强的社会责任心，能够综合运用法律知识、会计学知识以及审计方法与调查技术，处理经济事件中涉及的法律问题，是懂得法律并具有综合型、复合型之特点的高级法务会计专门人才。他们可以在会计师事务所、律师事务所、企事业单位等经济组织，从事会计核算、监督、鉴证、评价及经济事件中所涉及的法律证据的取得与管理，也可以在企事业单位、社会中介机构、司法部门专门从事法务会计的服务与咨询工作。

2. 法务会计人才培养模式

根据法务会计人才培养目标要求，笔者本着培养理论水平和实践能力相结合，综合能力和专业能力、专长能力、拓展能力相结合的原则，设计法务会计人才培养模式。一是理论教学按会计的特点和工作流程及法律的特点及程序设计人才培养模式，旨在提高人才的会计、法律等基本理论水平；二是实践教学根据专业的业务流程及岗位需要设计案例、情景模拟、综合演练等方式。

法务会计涉及多个学科领域的知识，重在各学科综合的应用能力。案例设计，一是由教师讲授、列举、描述、分析案例，促进学生对理论知识的理解，学生只被动接受；二是学生设计案例，即由学生根据所学理论自行设计案例，设计案情的不同发展方向，做出区别性分析，得出不同的结论，转变学生从被动接受者提升为主要参与者和设计者。情景模拟即由学生将案例排演成小品，进行情景模拟，营造身临其境的感觉。综合演练如何通过会计账户、报表等信息查处经济犯罪、财务舞弊查处、纳税申报与税收调查，如何获取案件所需证据，如何从法学角度查处会计账证的合理性和合法性等。

3. 法务会计专业课程体系与专业课程构建

我国的法务会计专业教育尚处于起步阶段，所以法务会计专业课程体系设置应根据人才培养目标，区别于传统的财会专业，它不是纯粹的会计审计专业，也不是单纯的法律专业，而是多学科的交叉与融合。本着"两线"+"一面"+"实践"的原则设置课程。

"两线"之一，即法律类课程，如刑法、民法、民事诉讼法、刑事诉讼法、国际法、国际经济法、犯罪心理学和逻辑学、证据学、经济法、税法等，尤其是取证技术；"两线"之二，即会计审计类课程，课程除具有会计专业相关知识外，尤其应侧重基本会计准则、具体会计准则、行业会计制度以及独立审计准则的学习，重点熟练掌握会计技术、审计调查技术等方法。"一面"即广博知识面类课程。包括统计、管理学、税收征管、财经应用写作、计算机技术等拓展知识面类课程，重在培养多科性技能人才。"实践"即设计动手能力培养的实践类课程，例如，法务会计案例、审计案例、手工会计模拟、会计信息化模拟、多媒体会计模拟、多媒体审计模拟、纳税申报、税收筹划等实践类课程，全面提高法务会计人才的专业技术和动手能力。模拟教学和案例教学应作为法务会计专业化人才培养的重点方式，应设计运用会计、审计、法律法规来侦破或解决有关经济活动及其纠纷处理、舞弊案件处理的综合案例来进行教学活动，使法务会计人员学习内容更加接近实际，为未来从事经济活动、经济案件或舞弊案件的审核、计算、分析以及为法庭做证提供有力证据。

4. 现代教学手段在教学中的应用

包括计算机在内的信息技术的广泛使用，增加了教育信息，促进了教学质量的提高，是未来教育发展不可或缺的重要手段。法务会计教学可以借助计算机、音像系统等多媒体设备，在常规的课堂教学方式的基础上引入图形、声音、动画、视频等多媒体，来强化学生感性认识和分析能力，提高学生的学习兴趣。例如，拍摄产品工艺过程录像、会计工作录像、法庭审判、法庭证据调查等录像，在法务会计课上进行播放，向学生演示法务会计人员进行取证、调查、统计、汇总等不同工作内容情景，增强学生的感官认识，以便进一步增强对法务会计岗位需要及工作性质、工作流程的理解与认识，从而增强职业兴趣、专业爱好。

5. 法务会计实践教学模式及实践教学方式

法务会计专业是多学科融合的边缘学科，在理论教学环节上应重视理论与实践教学紧密结合，法学思维与会计学、审计学思维相融合。即在讲授会计学、审计学类课程时，引导学生运用法律的知识思考和解释会计学问题；反之，在讲授法学类课程时，引导学生运用会计学知识思考和解释法律问题等，避免孤立的法律或会计教学。在实践环节上采取校内多模块模拟（分会计、审计、会计信息化、纳税模拟等模块）、案例分析和情境设计、实践基地的顶岗实践及参观实践和社会调查等灵活多样的方式，全方位的实践形式培养法务会计人才成为创新性、多元性、独立性思维的复合型专业人才。

（三）法务会计应用体系

是谁需要法务会计的信息、以何种方式应用、法务会计工作有何特点，这些内容构成法务会计的应用体系。

1. 法务会计的应用领域

在企业，因为商品的购销活动可能产生债权债务纠纷、因纳税业务可能产生税务纠纷、因利益驱动可能有舞弊行为，这些行为均需要法务会计人员运用合同法、税法、证据法等相关法律知识，站在会计视角提供有利于当事人的专业证据或意见；在司法机关，有关经济案件的侦破需要法务会计提供专业诉讼证据；会计师事务所开展舞弊专项审计，需要法务会计人员的审核意见及专业支持等。

2. 法务会计的应用方式及工作特点

从专业人才看，法务会计人才应该是既熟悉有关法律知识，又精通会计业务的跨专业、跨领域的复合型人才；从工作实质上看，法务会计工作就是注册会计师工作和律师工作的有机结合。因为，单纯的注册会计师或律师都无法独立地完成当事人的委托、处理各种经济纠纷的有关问题，特别是财务与法律相结合的问题，这就需要既懂得会计、审计知识，又熟悉法律知识的专业人员来从事这项工作，这样的专业人员就是法务会计人员，这种工作就是法务会计工作。

第五章 会计信息化对人才与道德的培养

第一节 互联网信息化对会计人才的培养

会计专业人才培养主要是对复合型会计人才的培养，这是企事业单位在未来的发展中必须遵从的。各大高校、职业学校都需要为社会输出高质量的技术应用型人才。在我国，会计教育具有职业性、岗位性、针对性和实用性等特色，其最终目的是为企业培养高素质会计人才，培养学生的软件操作能力和职业能力以及数据分析能力。在当前会计信息化趋势下，对会计人才的培养主要是对财务分析能力和财务创新能力的培养，从核算型会计逐渐转变为决策型会计，在互联网背景下，会计人才培养还要从三个方面入手。

一、高校教育：培养互联网思维

（一）高校的会计信息化教育要多元化

传统的会计专业以基础知识教育为基础，但是在互联网时代，也要增加网课、微课、翻转课堂等教学形式，丰富学生的教学模式，拓宽学生的学习渠道，丰富学生的学习内容，借以增强学习效果。新教学手段的运用可以有效培养学生独立学习、思考和解决问题的能力，对于学生未来的职业发展和人生发展都具有非常重要的作用。互联网背景下的高校教育需要以提升学生综合素质为核心，才能够满足新时代会计人才的需求。

（二）培养学生的互联网思维

会计信息化时代的到来对会计专业的学生提出了更高的要求，不仅对专业知识有要求，也对学生软件适应和运营能力、数据收集和分析能力提出了更高的要求。一般而言，数据信息化时代，财务学习的重点在于将理论与现实技术相结合，构建全新的学习模式，并将教育逐渐社会化，加强学生毕业后教育和财务信息化教育。

二、企业层面：加强培训、调整人才结构

（一）注重企业财务人员的培训，并建立多种培训方式

第一，培训要循序渐进。根据各企业对会计人才的要求，对会计人才的培训要循序渐进，首先要从会计专业知识入手，然后加强互联网技术、财务软件使用、平台管理与应用的培训。

第二，企业内部开展各种形式的培训。可以以网络为基础，进行网络培训、微课培训等，也可以邀请著名的会计专家进行讲座培训，在平时的培训过程中，多注意人才的培养和储备。

第三，企业内部开展各种比赛交流活动，以促进会计信息化知识的消化与应用。活动开展形式可以是技能大赛，也可以是论文评比，总之目的只有一个，那就是提高大家的学习兴趣，使知识掌握得更扎实，同时还通过各种物质上和精神上的奖励促使财务人员工作干劲十足，学习劲头十足。

（二）优化财务会计人员结构，实现财务会计的扁平化管理

第一，企业要制订相关的财务人员岗位职责和岗位待遇方案，该方案对财务人员的具体职责、薪酬待遇都要有明确规定，优化财务人员队伍。另外，还要对财务人员建立起相应的奖惩措施，以便能够更好地管理和制约财务人员，使财务人员认真工作。

第二，加强财务人员的人才储备，通过对高校和社会上的优秀财务人员进行考察和引进，并加以重点培养，来促进企业的发展。

第三，实行轮岗制度，一方面是使每个财务工作者都能够熟悉工作流程，万一发生突发事件，不至于使财务工作形成断流；另一方面通过轮岗制度，可以有效培养新人和重点培养对象，为企业财务工作积蓄力量。另外，通过轮岗还可以有效地提升会计人员的素质，从中必然能够涌现出一些业务能力强、数据分析能力强、对企业发展有重要作用的人。

（三）加强校企合作的模式，使学校的人才能够迅速为我所用

第一，与学校订立用人意向，使学校为企业培养专业化的、高素质的、对口的会计人才。这对于企业和学校来讲是双赢的，不但为企业解决了人才问题，同时也为学校解决了

学生就业问题。

第二，制订企业财务人员的学校再培养计划。学校一直都是知识的传播基地，如果能够将企业的财务人员定期在学校进行再培养，不定期举行财务课程讲座，必然能够有效提高企业财务人员的素质，促进企业的发展。

第三，组织财务人员骨干培训班。财务人员的骨干培训班是企业为自身发展培养财务人才的必经之路，也是企业发展的最终归宿。

第四，通过学校培养一批中、高级会计职称人才，为企业的会计发展做出贡献。

三、个人层面：加强信息技术学习

（一）具备网络技术业务处理能力

随着我国会计信息化的不断发展，会计从业人员必须从自身找原因，迅速提升自身的业务处理能力，这是一名工作人员的立身之本。一方面，要对会计的基本知识和基础知识烂熟于胸；另一方面，一定要对互联网技术、会计软件的使用和管理，以及网络平台的运行与维护熟练运用，向复合型人才靠拢。

（二）提升自我信息判断能力

会计信息化的发展必然引起会计职务的变革，随着会计信息化的发展，会计的工作已经逐渐转变，由财务信息的处理和提供，逐渐转向了对财务数据分析和参与企业决策，财务信息的录入不再是最重要的，而对企业发展的决策前预测和在企业决策执行过程中的成本控制变得尤为重要。所以，对于会计从业人员来讲，具备行业判断能力、市场分析能力和敏锐度都有更高的要求。

（三）要有保障会计信息安全的能力

随着互联网、移动设备、云计算和社交媒体等新技术、新载体的大量运用，会计信息系统将面临被外部攻击的风险。所以，必须强化保障会计信息安全的能力，有效防范会计数据被截取、篡改、损坏、丢失、泄露等风险。

第二节　互联网信息化对会计职业道德的培养

一、加强会计职业道德教育的必要性

（一）会计职业道德教育是规范会计行为的基础

会计是一份近距离跟金钱接触的工作之一，会计人员跟钱相处久了，难免会"日久生情"，从而会为了个人利益而动歪念，利用工作上的便利将企业的财产据为己有，使企业蒙受巨大的损失。像这种会计、财务人员私吞公款的例子已经发生了很多，严重影响了社会秩序。因此，必须强化会计职业道德教育，从而规范会计人员的职业行为。

（二）会计职业道德教育是提高会计人员素质的内在要求

我国的会计人员相当多，因为每个企业或者行政单位，无论规模大小，可以不需要服务人员而自己亲自来做，也可以不需要司机而自己来开车，但是却不能缺少会计人员，所以全国每家小型、中型、大型等企业，都有至少一名会计人员。可见，会计人员的数量之多，但正是因为人数太多了，每个人的素质都是有所不同的，于是就拉低了整个会计人员群体的道德水平。而会计人员素质水平的高低，对我国的经济发展有很重大的影响。加强会计职业道德教育，可以在道德方面对会计人员产生一定的制约，从而内在地提高会计人员的素质，同时实现宏观的经济目标。

（三）会计职业道德教育是保证会计法律制度正常运行的需要

会计职业道德教育侧重的是思想上、道德上遵守法律法规，是一种无形的道德力量，一种内心的信念，与会计法律制度外在的力量相对应。而只有当这些道德教育最终转化为会计人员的内在品质，才能算真正意义上的规范会计行为，才能保证会计法律制度正常运行。

二、加强会计职业道德教育的对策

（一）将专业教学与职业道德教育结合起来，并适当引入案例教学

高校是培养人才的地方，但毕业后，一些学生不会选择和专业相关的工作，但大多数

仍然会选择所学专业的工作。而会计人员有很大一部分是出自高校的，毕竟只有大学才开设会计专业的学科，所以高校是培养会计人才的一个很重要的场所。那么，高校教师在会计教学中，不仅要教授专业知识，也应该注重职业道德方面知识的传授，让学生尽早地了解会计职业道德的重要性。

首先，会计专业应当增加会计职业道德课程，从职业道德入手，引导学生做人。但如果有些高校没有相关条件专门开设这样的课程，则可以在专业课中适当地增加一些职业道德方面的教育，潜移默化地对学生施加影响。其次，我国高校的教学方式都是以教师为中心，教师一个人在讲台上讲，像职业道德的内容基本是文字，难免会让学生听起来觉得枯燥，那么就应该提高学生对这门课的兴趣。其实每个人对动态的画面更有意愿去观看和学习，也更容易将其中的内容记忆下来。因此要想让学生提起兴趣，就应该在会计职业道德的课程上，适当引入案例教学。然后在此基础上，可以就案例向学生提问题，毕竟道德方面在不违反法律的前提下是没有一个明确的标准的，每个人都可以就此发表自己的不同观点，从而激发学生的热情，最后教师再对这些观点进行总结，教导学生要遵守会计职业道德规范，做一个知法守法、有道德的会计人员。在经过一番激烈的讨论后，学生就会从内心热爱会计职业，就能更主动地去学习职业道德，这样就能达到很好的教育效果。

（二）注重会计教师的师德培养，做到言传身教

教师只有"自身硬"了，才能作为学生学习的榜样，才能教育学生成为有道德、有素质的人。因此，必须加强会计教师的师德建设，让其能够以身作则。首先，应该定期地对教师进行职业道德的培训，并鼓励教师要时刻不忘提高自身的会计职业道德修养。其次，要从思想上让教师认识到会计职业道德的重要性，只有当教师心里接受了它，才能在教学中自觉地并且很乐意地教授学生会计职业道德相关方面的知识。最后，教师也应适当地改变教学方法，对级别不同、专业不同的学生要选用不一样的方式。大学生基本已经成年了，对每件事情都有自己的主见，教师要慢慢引导学生改正自己错误的观点，不要随意对其进行批评，要充分尊重学生，才能更好地教育他们。

（三）完善会计在职人员职业道德的后续教育

由于工作的压力、环境的影响以及利益方面的诱惑，会计在职人员经常会在工作中受到道德方面的挑战，这就使得后续教育也应该受到关注。所以在后续教育中要增加职业道德教育的学时，让会计在职人员对其产生一定的重视，让其知道，不好好学习职业道德，

可能会被解聘或者要重新考证,甚至无法再从事会计工作。同时要定期对会计在职人员进行道德方面的培训,让其能有多一点的机会与他人交流经验以及互相学习。由于每个人的年龄、水平、学历各异,使得后续教育具有很强的灵活性。在培训中,可以针对不同层次的在职人员的现实需要适当地选择教材,既可以使用在书店能够购买到的书本,也可以请专家来专门制定适合的教学内容。而培训的课时,也可以有长有短,对经验较丰富的会计人员可以设定少一点的课时,而对刚进入这个行业的会计人员则可以安排多一些的课时。同时,在进行培训的时候,可以通过讲述或者播放一些典型的案例让在职人员更清楚、深入地了解会计职业道德。一方面通过反面案例教育在职人员不能违反职业道德,而要做自己应当做的事,有些错误是可以被原谅的,但有些错误犯下了就没有挽回的余地;另一方面通过正面案例教育在职人员"诚信光荣,造假可耻",增强他们的职业荣誉感和自豪感。

(四)加大会计职业道德知识的考核,建立会计职业道德评价体系

在各类职称考试中应通过各种形式来加大会计职业道德方面的考核内容。这样不仅可以检测出会计人员对会计职业道德的掌握程度,还可以促进会计人员自觉地去学习会计职业道德。各个单位或者企业还应建立相应的会计职业道德评价体系,对每个人的考评都用计分的方式记录下来,然后定期对其进行表彰或者惩罚。对单位有杰出贡献且能做到严格遵守会计职业道德的会计人员,给予一定的物质奖励,并颁发奖状。同时,当着全体会计人员的面对其进行表扬,让其在精神上也得到鼓励。对那些分数较低但又没构成刑事犯罪的会计人员也要进行一定的处罚,可以在其工资中扣减相应的罚款,并对其进行警告,如若再犯,单位或企业有权不再雇用。有了评价体系,会计人员才更有动力和目标去努力工作,并知晓自觉地规范自身的职业道德行为,从而促进良好会计职业道德的形成。

(五)加强会计职业道德教育的制度安排

国家应该构建严格的制度,用外在力量强制规范会计人员的行为,明确指出应该做的事、可以做的事以及不能够做的事。

同时要建立有效的机制,对会计人员的道德行为进行扬善惩恶,使会计人员知道遵守职业道德这一行为是会得到表扬的,这会让其在内心得到一定的满足,也能让其清楚地知道遵守与不遵守是有很大区别的。当然,也要对违反会计职业道德的会计人员进行应有的处罚,让其吸取教训,也让其知道违反会计职业道德是会付出一定代价的。在这样的前提下,会计职业道德教育的相关工作才能顺利地进行下去,才能创造一个更美好的环境供会

计人员学习会计职业道德。

　　有关会计职业道德引起的问题已经越来越受到公众的重视，会计人员应该将"不做假账"作为最基本的道德规范。因为一旦会计信息失真，不仅会浪费资源，还会对社会经济的正常秩序造成很严重的影响。因此，加强会计职业道德教育就显得极为重要了。

　　而加强会计职业道德教育是一项紧迫而又长久的任务，不是短短的几个月就能完成的，这是一项浩大的工程，绝非会计界所能单独解决的，所以一定要依靠各界的帮助。但是笔者相信只要社会各界一起努力，相互交流、协商，会计职业道德教育一定会在现有的基础上有所进步和突破，那么日积月累，总有一天会发生很大的转变，总有一天能将会计队伍的道德教育逐渐推向一个接一个的新水平。但由于笔者水平有限，难免会在内容上出现某些差错以及论述的不当之处。诚挚希望各位专家老师提出完善意见，充实相关内容。

第六章 财务会计人才培养专业教学

第一节 财务会计教育概述

社会需求中大量的会计实用型人才来源于高等职业教育。高职教育不仅仅关注教学对象理论知识的掌握,其技能的掌握与应用也是高职教育的主要教学目标。教学质量作为高职教育的核心竞争力,其保障是实现这一目标的关键。

一、高职教育概述

高等职业教育是为了满足社会各类职业对专业人才的需求,培养面向生产、建设、服务和管理第一线需要的实践能力强,具有良好职业道德的高技能人才进行的教育活动,是高等教育的重要组成部分。

二、会计教育目标

(一)会计教育目标的实现

只有根据教育目标制定相应的课程体系及教学内容和方法,才能有的放矢地培养出素质高的专门人才。从成本效益原则来看,教学内容并非越多、越深越好,超过培养目标的教学内容是对教学资源的浪费,而且"超额"教学内容会占用学生的时间和精力,影响应掌握课程内容的学习,要实现其教育目标,应当重点抓好以下工作。

1. 课程体系要合理

设置合理的课程体系,必须确立合理的学科体系,因为它是专业培养目标在课程设置上的具体体现。自20世纪80年代末期起,随着分行业会计专业统一归并为会计专业,会计专业学科的主干内容已基本统一为基础会计、中级财务会计、高级财务会计、成本会计、管理会计、审计、财务管理、电算化会计等专业课程,这与西方发达国家基本接近。但这与知识经济条件下的素质教育和创新教育的要求相比,专业课程比重过大、基础不扎实、知识结构不合理、知识面不宽等现象还比较突出，尤其缺乏信息技术、人文科学、自然科学方面的基本素质的培养。各个学校应当根据自身的条件和特色，增设技术学科课程。

2. 教材要简明适用

设计和选定教材是教学内容的前提，也是实现会计教育目标的关键。在合理确立课程体系的基础上，根据培养目标确定各门课程的教学内容，并组织教材建设与选订教材。教材内容与体系，一定要与教学内容相关，切勿追求越全、越深、越厚、理论性越强越好。教材之间存在内在联系，允许有一定的重复，但不可重复过多，由教研室协调主讲教师之间实际讲授内容。课程讲授重点在于如何提高学生的能力和素质，并非面面俱到，不可以学时多少、讲授内容多寡来衡量质量与课程在专业中的地位。

3. 教学形式要先进

教学形式包括教学手段和教学方法。根据知识经济时代的特点，要培养创新的会计专业人才，在要求压缩教学课时、增开课时少门数多的新课情况下，为了提高教学效果，实现个别化教学，必须更新教学手段。同时，要调动学生对学习的积极性和主动性，培养学生的创造性思维和综合分析问题的能力，必须改革传统的灌输式教学方法。因此，教学形式的改革在素质教育和创新教育中处于重要地位。

教学手段的更新，更多地表现为学校人、财、物的投入，包括计算机实验室建设（含各种会计软件的购置）、多媒体教室建设、会计模拟实验室建设、会计实证研究室的建设等。教师除运用黑板、粉笔等传统手段外，必须学会在教学过程中穿插灵活运用投影、幻灯、碟片、CAI等辅助教学手段。建设新的教学手段仅涉及投入问题，只要有充足资金是容易解决的，但要使它发挥应有的效果，教师还必须下功夫研究如何运用教学手段。教师不仅需要花费更多的时间制作课件，还要通过备课把握好每节课的信息度，想办法调动学生积极思考问题，参与讨论，这样才能真正通过现代化的教学方法发挥现代化教学手段的作用。所以，教学方法改革的重点是将教师满堂讲、学生被动全面记的模式转变为教师讲授与学生主动参与相结合的模式，教师的主要任务是运用各种教学手段，通过原理讲解、实务演示、课堂讨论等方法引导、启发学生去思考，帮助学生解决疑难问题。

4. 实践教学要完整

会计学是一门技术性较强的社会应用学科，基本概念、基本理论固然重要，但更重要的是灵活掌握、运用基本技能，以理论学习解决实际问题。一名合格的会计实务操作人员，不仅要遵守国际会计惯例、会计准则、会计制度，还要遵守国家的财经方针、政策和法规。因此，实践教学在会计专业人才培养中十分重要。会计实践教学应包括三个方面：一是课堂教学中的习题、综合练习、案例分析，这需要由主讲教师根据现实企事业的情况来设计、运用完成。二是课后的系统模拟实习，应由基层教学单位组织有一定经验的教师建设实验室，且资料与实际密切联系，达到仿真运算操作效果。三是定期定时的现场操作实习，应由教学系（院）建立实习基地，由专职教师负责指导学生在企事业单位从事真实会计业务核算、分析、编表等管理工作，一般需要一个月左右时间。现场操作实习，全国多数学校是采取与会计师、审计师、资产评估师事务所联系挂钩，既能解决学校建设实习基地经费困难、企事业单位因保密又不情愿的矛盾，又能协助解决这些事务所业务忙时人员不足的困难。

5. 考试方式要灵活

由于会计学是一门技术性较强的应用学科，既有技术性，要遵守会计准则和会计制度的规定，又有阶级性，要体现管理者意志，因而检测学习成果不可唯一，要灵活多变。会计专业知识可分为两类：一是只有唯一答案的，如像使用账户及借贷方向等；另一类是非唯一答案的，如有关理论、实际中出现的新问题，即使有制度、法规规定，也会随着经济的发展和社会关系的变动而有所变化。因此，对于考试题目来讲，前者可以采取试题库的方式固定下来，检测学生的基本知识与基本技能，后者应当紧密联系实际，由教师自行出题检测，体现教学能动性，发挥学生积极性。考试只是检查学习情况的手段之一，并非唯一方法。在确定学生学习成绩时，除考虑考试成绩外，更应当重视平时成绩和实际操作能力与水平。考试方式、考题类型及试题库的建立，涉及诸多因素，不可以个人的意愿与爱好、想象、主观臆断来决定，应当充分体现学生的自学能力、主观能动作用和积极创造的思维与知识拓展。

（二）会计教育目标的改革

经济越发展，会计越重要。会计要发展，会计教育是关键。在现代信息社会条件下，教育先行已成为世界各国的共识，而会计教育特别是高等会计教育的水平，决定着一个国家会计人员的素质和工作质量，并且影响着会计理论的进步与发展。因此，高等会计教育的水平将在一定程度上影响着社会经济的发展。当前，我国正处于经济快速发展的有利时期，改革高等会计教育，提高高等会计教育水平是当务之急。

我国高等会计教育起步较晚，直到20世纪初，会计教育才纳入高等教育。而在此之前，由于中式簿记较为简单，经过较短时间的培训即可运用，故中式簿记未列入正式的高等教育，只是在引进西方会计后，会计教育才成为高等教育的内容。所以，我国高等会计教育从起步便与西方会计结下了不解之缘。在此期间，由于广大会计学者的艰辛努力，高等会计教育得到了较快发展。新中国成立后，我国高等会计教育得到较快发展。但是，受苏联的影响，高等会计教育只注重实践能力的培养而忽视理论水平的提高。会计教育内容严格按照行业分科，缺少全面的会计教育，造成学工业会计的不懂商业会计的局面。改革开放后，我国高等会计教育得到了长足发展，会计教育目标也摆脱了传统行业观念的束缚。按照国家规定，当时高等会计教育的目标是：培养能在企事业单位、会计师事务所、经济管理部门、学校、研究机构从事会计实际工作和本专业教学研究工作的德才兼备的高级会计专门人才。从系统论的观点看，目标是一个系统的核心和导向，它是为需要而存在的。同样，高等会计教育目标也是受社会经济发展的需要决定的，具体地说，是受社会对会计人才的需求决定的。反过来，高等会计教育目标又决定着会计人员和会计工作的质量。所以，高等会计教育目标应随时代的发展而不断完善。

会计教育的目标不是让会计学生在刚刚从事会计职业时便成为一名合格的会计工作者，而是要使学生具有作为一名会计人员所应具备的学习能力和创新能力，使其能终身学习。这些能力包括：第一，技能，即沟通才能、智能才能和人际才能；第二，知识，包括一般性知识和会计知识；第三，专业认同，即会计学生应认同会计专业，乐于建立会计专业人员必须具备的学识、技能和价值观。

深化我国高等会计教育目标的改革应做好三方面工作：

第一，建立高等会计教育的目标体系。就是要将高等会计教育的目标层次化、具体化，各层次的大学会计教育应有自己明确的目标。因此，我国大学专科、本科和研究生会计教育应按其自身的特点和会计人才市场需求状况分别制定自己的目标。这样，便形成一个多层次的高等会计教育目标体系并各有侧重，使我国现行高等会计教育目标笼统、单一的局面得到根本改观。

第二，处理好通才教育与专才教育的关系。所谓"通才"是相对于过于专业化的"专才"而言的，事实上，绝对意义上的通才几乎没有。因为社会生产愈是社会化，科技知识则愈加专业化，而个人的时间和精力是有限的，不可能对各行各业各类知识都能通晓。因此，通才教育与专才教育的关系说到底是能力培养教育和知识传授教育的关系。不可否认，我国现阶段不能彻底地实行通才会计教育，但这并不意味着可以置能力培养于不顾，较为理想的选择是二者兼顾。有学者认为，我国高等教育目标的战略调整即是要适度地树立起科学教育与人文教育并重的双重教育目标，这同知识与能力并重的观点可谓异曲同工。

第三，处理好理论教育与实践教育的关系。良好的理论教育有助于实践教育的深化，而切实的实践教育又有利于理论教育的提高。因此，即便按照分层次高等会计教育目标体系的观点，虽然各层次会计教育的理论与实践的侧重点不一，但理论教育与实践教育兼顾却是培养任何层次会计人才均适用的原则。

三、会计教学范式

（一）会计教学范式的内涵

人才培养是高校的根本任务。人才如何培养是我国高等教育普遍关注的问题。从高校人才培养实践看，教育教学水平和人才培养质量与教学范式密切相关。教学范式有广义和狭义之分，广义的教学范式是指人才培养的全过程，包括人才培养理念、培养模式、教学模式、课堂教学和课外实践活动等；而狭义的教学范式是指课程教学范式。高校课程教学范式是高校师生群体在高校课程教学领域内所共同承认的教育价值标准、教学观点和教学行为方式的综合，它直接关系到高校教学的具体实施。会计教学范式是高校会计人才培养为实现教学目标而采用的教学程式与手段框架，包括会计教学的理念、教学模式、教学方法与手段、教学评价考核等内容。

在当今社会，企业招聘会计人才的标准不仅在于专业知识能力，还在于综合素质能力。前者更多地取决于教师教什么，后者则更多地取决于教师怎么教。传统的会计教学范式主要有两种模式：一是从专业教学内容上看，教学内容与职业能力要求不匹配，缺乏系统性，是一种"准则制度加解释"的法规导向型教学范式；二是重会计知识传授，轻专业能力与综合素质的培养，是一种知识传导型教学范式。因此，高校会计教学范式的转变，主要是深化会计教学改革，改变以"传授知识—接受知识"和以教师为中心、以课堂为中心、以教材为中心的传统教学范式，努力构建以教师为主导，以学生为主体，以研究、探索、协作为特点的师生多维互动的全新的注重学生应用能力与综合素质培养的教学范式。

（二）会计教学范式的改革

1. 会计教学范式改革的必要性

第一，社会经济发展对会计人才提出了新要求。随着工业时代向信息时代的转变和我国经济发展方式的转变，企业经营环境发生了根本变化，企业呈现经济主体的多元化和内部管理的精细化，从而引发对人的能力需求的变化，这就对会计人才培养提出了新要求。同时，随着会计职能的不断拓展，核算型会计正在向管理型会计转变，社会不需要知识型会计人才，而是迫切需要实践能力和创新能力强的管理型会计人才。因此，传统的会计教学范式培养的会计人才很难适应社会经济快速发展的变化和要求。

第二，终身学习与发展对会计人才提出了新要求。在知识经济和信息化的时代，学生学习的专业知识"折旧"不断加快，这就要求培养学生的终身学习与发展能力。学生的终身学习与发展能力是学生综合素质的重要方面，就是要在教学范式改革中培养学生的科学学习方法，以适应社会发展的能力。因此，会计教学范式的改革要有助于培养学生自主学习和终身学习的能力。会计教学范式的改革，就是致力于超越传授知识较低层次的目标，走向自主学习更高层次的目标。

第三，全球化、国际化趋势对会计人才提出了新要求。全球经济一体化，必然带来会计教育的国际化，这就从客观上要求培养具有国际视野的会计人才。传统的会计人才培养方案和会计教学范式很难适应全球经济一体化的要求，即不能培养出"精通业务，善于管理，熟悉国际惯例，具有国际视野的高素质复合型人才"。因此，会计教学模式和教学范式改革，要借鉴国际先进的会计教学范式经验和做法，采用开放的、多维互动的教学范式，以培养具有国际化视野的复合型会计人才。

2. 会计教学范式改革的基本理念

会计教学范式改革的理念，决定会计范式改革的思路和出路。会计教学范式改革理念对会计专业的培养目标、培养模式、课程体系设置以及会计教学手段与方法等会产生重要影响。因此，高校会计教学范式改革必须转变观念，革新会计教学范式，坚持需求导向观、学生主体观、开放教学观、质量教学观等基本理念，才能实现会计人才培养目标。

（1）需求导向观

需求导向观是会计人才培养的逻辑起点，决定着会计"教"与"学"的内容和教学范式。就学生而言，既要满足学生就业的需求，又要满足学生发展的需求。坚持需求导向观，就是树立以育人为根本的全面教育观，以会计职业能力为本位，注重个性发展，突出知识、能力、素质和创新意识的会计人才观。在人才培养过程中，教学范式改革要关注确保学习者需求的满足，要处理好专业能力与综合素质培养的关系，要处理好理论教学与实践教学的关系，要处理好学校与企业行业、国际办学机构等协同培养的关系，以此着力培养会计行业迫切需要的一批善于管理、精通业务、具有国际视野和战略思维的高素质复合型会计人才。

(2) 学生主体观

教学过程是师生之间"双向互动""教学相长"的过程。因此，在会计教学过程中，教师是主导，学生是主体。就是要建立以学生需求和发展为中心的学生主体观，包括课堂教学、课外活动、教学现场等均坚持以学生为主体。以学生为主体，就是要改变传统的教学模式和教学观念，实现以教师为主体向以学生为主体转变，学生从被动学习、依赖教师学习向学生主动学习、靠自己学习转变；改革教学内容、教学方法和手段，注重因材施教，培养学生生存和发展能力。因此，坚持学生主体观的基本理念，就是要重点解决学生"学什么""如何学""学习效果"等问题。

(3) 开放教学观

开放的世界必然带来开放的教育。只有开放的教育，才能培养出具有开放视野的人才。开放教学观是相对于传统的会计教学过分强调封闭而言的，因为封闭的会计教学往往导致僵化，只有开放，才有可能使会计教学充满活力。会计教学开放观，就是以会计人才培养为中心，运用开放、合作、协同教育理念和社会网络嵌入理论，针对传统会计教学范式相对封闭的缺陷，在教师与学生之间、理论教学与实践教学之间、课堂与课外之间、学校与社会之间，充分发挥教师主导和学生主体的作用，形成开放的多维互动的教学范式。通过开放的教学范式，激发学生的学习兴趣，培养学生评判性思维，启发学生独立地思考问题，提高学生的职业能力和创新能力。

(4) 质量教学观

质量教学观是会计人才培养能否实现其培养目标的关键，教学范式改革必须有助于教学质量的提高。坚持质量教学观的基本理念，就是要满足行业企业对会计人才的需要。满足会计学生发展的全面质量观，包括人才培养过程质量观和学生发展质量观，并通过建立人才培养质量标准与监控体系以保障实现人才培养的质量目标。把专业设置与社会需求的符合度、专业培养目标与用人单位人才需求规格的一致性、毕业生就业率、社会评价、实践教学环境与真实职业环境的吻合度、实践教学项目与主流技术的贴合度等作为质量考核的重要指标。同时，要建立一支具有"双师""双语""双高"三型高素质的教师结构队伍，切实保障会计教学质量。

第二节　财务会计教学方法

一、教学方法概述

对于教学方法来说，可以从以下三个方面来理解：

第一，指具体的教学方法，从属于教学方法论，是教学方法论的一个层面。教学方法论由教学方法指导思想、基本方法、具体方法、教学方式四个层面组成。

第二，教学方法包括教师教的方法（教授法）和学生学的方法（学习法）两大方面，是教授方法与学习方法的统一。教授法必须依据学习法，否则便会因缺乏针对性和可行性而不能有效地达到预期的目的。但由于教师在教学过程中处于主导地位，所以在教授法与学习法中，教授法处于主导地位。

第三，教学方法不同于教学方式，但与教学方式有着密切的联系。教学方式是构成教学方法的细节，是运用各种教学方法的技术。任何一种教学方法都由一系列的教学方式组成，可以分解为多种教学方式；教学方法是一连串有目的的活动，能独立完成某项教学任务，而教学方式只被运用于教学方法中，并为促成教学方法所要完成的教学任务服务，其本身不能完成一项教学任务。

与教学方法密切相关的概念还有教学模式和教学手段。教学模式是在一定教学思想指导下建立起来的为完成某一教学课题而运用的比较稳定的教学方法的程序及策略体系，它由若干个有固定程序的教学方法组成。每种教学模式都有自己的指导思想，具有独特的功能。它们对教学方法的运用，对教学实践的发展有很大影响。现代教学中最有代表性的教学模式是传授—接受模式和问题—发现模式。

教学手段则是指在师生间进行教和学，以及相互传递教学信息的工具或设备等。教学方法和教学手段属于方法和条件范畴，是为完成教学目标、取得教学结果服务的。因此，在改革中要以实现目标为出发点，紧紧围绕教学效果，根据教学目标的多样性和教学对象的差异性，开展多样的教学方法和教学手段改革与实践，使之真正见实效。

二、会计教学方法

常用的会计教学方法有以下几种：

(一) 讲授法

虽然在科技水平高度发展的今天，各种教学方法层出不穷，但无论哪一种，都无法替代讲授法。因为讲授法有其他方法无法替代的优势：它能使师生面对面地交流，教师能随时了解学生对已授会计知识的掌握情况，并根据学生在课堂上对知识的接受程度好坏，随时做出相应调整，诸如教学内容的难易程度调整、教学进程的快慢程度调整，等等。当然，任何教学方法具有优点的同时，必然存在一定缺点，讲授法比较突出教师授课的主导作用，但是学生的主体作用体现不足。因此，教师必须根据授课内容和目的，以讲授法为基础，结合问答法、案例教学法、讨论法和练习法等教学方法，让学生掌握相关知识和技能。同时，由于会计课程具有发展性，因此教师必须让自己授课的内容做到与时俱进；会计课程又同经济学和管理学的一些课程是相互关联的，所以对于经济学和管理学基础薄弱的学生，教师应该特别关注，必要时可以个别指导。

(二) 启发式教学法

启发式教学法不是指某种具体的教学方法，而是对能够引导学生主动积极思考的各种教学方法的统称。启发式教学法通常是在讲授法、讨论法、实证法等具体教学方法中加以使用。具体的应用方式方法有：对比式启发、由浅入深启发、讨论式启发、案例教学启发、课堂练习式启发、思考性启发、实践性启发、回顾式启发、总结式启发、多媒体教学启发等。在会计教学过程中，教师应正确把握自己的地位和作用，针对不同的教学内容采用不同的启发式教学法。

(三) 案例教学法

推行案例教学、模拟教学，这是会计教学本身的要求。会计学是实践性很强的学科，会计教学不仅要向学生全面系统地传授会计理论知识和基本方法，而且必须注重应用能力、运作能力素质的提高。会计教学要注重模拟、实训、实践等环节教学，培养好用、顶用、耐用的，面向一线的应用型人才。

(四) 实验教学法

会计学科的许多课程都有必要进行实验，如成本会计实验教学是成本会计教学内容的重要组成部分，是弥补成本会计课堂理论教学之不足、提高教学效果的重要手段。

（五）问题导向学习教学法

问题导向学习教学法；就是基于问题的学习，是以信息加工心理学和认知心理学为基础的，在一定的情境即社会文化背景下，借助其他人的帮助而实现的意义建构过程，"情境""协作""会话"和"意义建构"是学习环境中的四大要素。

（六）情景教学法

情景教学法，是指在教学过程中，教师有目的地引入或创设具有一定情绪色彩的、以形象为主体的生动具体的场景，以引入学生一定的态度体验，从而帮助学生理解教材，并使学生心理机能得到发展的方法。其核心在于激发学生的情感，启迪学生的思维。情景教学法的类型是相当多的，它既有直接情景教学类型，如参观采访、自主体验、现身说法等，又有间接情景教学类型，如表演、实验演示、录像幻灯、语言描绘、实况播音、设置悬念、辨析讨论，等等。由于会计职业判断存在于会计核算流程的各个环节，从会计凭证到会计账簿，再到会计报表，完全可以在会计教学中采用情景教学法。通过创设会计工作环境，以会计核算为中心，并且围绕会计核算设立必要的内部和外部环境，仿真模拟实际的会计核算流程，使学生获得非常重要的感性认识。通过情景教学，学生能够明白会计核算的分岗位设置，了解不同岗位的职责，以及会计核算流程的整个过程，从而真正懂得实际的会计核算工作的现状，重在培养学生的职业判断意识。

三、高职院校会计教学方法的改进措施

为了使高职学生尽快地适应会计的学习，成为符合高职教育要求、适应市场需求的会计人才，高职院校亟须改进高职会计教学方法。

（一）强化教师职业教育理念，重视教学方法研究

社会发展对人才的需求推动了教学的改革，课堂教学是职业教育的重要组成部分，教师必须用现代教育的观念和方法才能进行有效的教学。现代教学理念强调以学生的全面发展为目的，教学活动要以学生为中心，不仅重视知识的传授，更重视开发学生的智力，培养学生的思维，以促进学生全面发展，使学生能更好地适应市场的要求。

1. 加强教师职业教育理论的学习，提高教师对教学方法的认识

随着社会经济的发展、科学技术的进步，教师需要加强教育学、教学方法等理论学

习，从思想上认识到教学方法的重要性，转变教学理念。而作为高职院校会计专业的一名教师更应加强职业教育理论的学习，形成、强化职业教育意识来指导教学活动，运用符合职业教育要求、具有职业特色、适应会计专业特点的教学方法进行教学，培养符合高等职业教育人才培养目标要求的会计专业人才。学校应组织或鼓励、支持会计专业教师参加各种形式的高等职业教育培训活动、高职会计职业教育相关活动对会计专业教师进行集中培训，也可以邀请著名职业教育专家来校进行职业教育专题讲座指导，使教师了解目前国内国外高等职业教育的发展趋势及职业教育改革的动向，还可以选送教师到国家示范职业教育学院进行参观访问学习，通过学习逐步强化教师职业教育理念，充分认识到教学方法对教学的影响和作用。

2. 加强教学方法研究活动，不断改进教学方法

可以通过组织对会计专业教师进行职业教育教学方法的培训和相关活动，举办职业教育教学方法培训讲座，向教师介绍先进的职业教育教学方法，强化会计专业教师职业教育教学理念，不断改进高职会计教学方法。还可以积极开展内部教研活动，请优秀教师进行课堂教学示范，通过教学示范相同内容采用不同教学方法和教学手段所带来的不同效果，体验教学方法改进的积极效果，发现差距，分析自身教学理念和教学方法存在的问题，取长补短，转变自己的教学理念，从而不断改进教学方法，提高教学质量。此外，学校应加强与同类职业院校的学术交流，为组织开展学校间的各种形式的学习、合作、交流、研讨创设条件，以达到互相启发、共同提高的目的。

（二）提高教师素质

在使用先进教学方法时，除了需要先进的教学理念作为指导之外，还需要一定的专业知识水平、技术能力、组织能力。但是目前教师自身素质仍然不能适应先进教学方法实施的需要，这就在一定程度上影响了对先进教学方法的选用与实施。

1. 加强教师教育理论的学习，提高教育水平

高职院校会计教师具有扎实的专业基础知识，但是大部分都缺乏教育教学理论知识，对教学大纲、教学计划、教学过程、教学方法、课堂管理、如何处理师生关系等方面的基本知识都缺乏了解，需要认真学习教育理论和心理学，提高教育理论素养。学校要有计划地对教师进行教育理论与实践培训，不能仅靠教师个人在教学实践中摸索的教学经验做支撑，要在资金、时间和组织等方面为教师培训提供强有力的支持，加强与教育学科的专家学者联络，不定期地邀请教育专家为教师现场介绍、讲解国内外最新的教育思想和模式

等,也可以在教研室开展教育理论与实践培训,把教育理论与实践同专业结合起来,探讨、交流具体的教学实践问题,还可以对教师进行调查,收集其在教学过程中碰到的问题,举办针对性、操作性强的讲座,对其进行教育理论的指导,提高教育水平。

2. 加强教师专业知识的更新,提高教师专业知识水平

"闻道有先后,术业有专攻",会计与经济、社会的发展有紧密的关系,会计法规、会计准则都在与时俱进地不断更新,作为会计专业的一名教师,应主动学习,更新自己的知识,不断提高专业知识水平,完善知识结构,使自己保持较高的专业知识水平,从而有效地顺应会计专业教学对师资的要求,在选择和运用教学方法的时候掌握主动权,更好地启发、引导学生。学校也应鼓励、支持教师参加各类专业研讨会,及时了解行业的现状,以及未来会计专业的发展趋势,鼓励教师出去学习和进修,有计划、有针对性地将教师送到大学或者国外进行学习和进修,使教师的视野开阔,了解最新的行业信息及理论知识。此外,还应鼓励教师在职攻读硕士、博士学位,提升教师的理论水平和学历水平。

3. 加强教师职业技能培训,提高教师职业技能

高职教育是以培养技术应用型人才为目标,会计职业教育目的是培养一定的会计专业理论知识和较强的动手操作能力的应用型人才。因此,会计教师要有丰富的会计实践知识和较高的会计技能水平,并在会计教学中突出实践性教学环节,强化对学生动手能力的培养。而高职院校会计教师在学校承担的教学任务较多,会计教学经验相对实践经验丰富,专业知识水平相对职业技能较高,教师职业技能不高的情况影响着实践技能部分的教学,在教学中往往采用重理论、轻实践的教学方法,直接影响了学生职业技能的掌握。因此,学校要重视、加强对教师职业技能的提高,有计划、有组织地选派教师到企业挂职锻炼,通过到企业的顶岗实习,一边进行会计实践,提高实践能力和动手能力,一边收集教学案例,丰富教学内容,为实践教学提供丰富的知识保障,而且通过挂职锻炼可以把理论教学和实践教学更好地结合起来,做到理论联系实践。此外,还应该鼓励教师参与会计专业的职业资格认证考试,如注册会计师职业资格考试,并提供相关的培训机会,以取得相应的职业资格证书。

(三)改善教学条件,为教学方法的运用提供物质保障

教学方法的运用离不开教学手段、教学环境、教学场所、教学设备等物质条件。在当今社会,高职教育要想顺应形势在激烈的竞争中获得生存和发展,需要培养出能为社会接受和认可的高质量的人才,而要想提高人才质量就必须改进教学方法,新的教学方法或多

或少受到教学场所和教学设备的限制，所以高职院校要加大对各种实验室及设备、图书馆等的投资，以促进现代教学方法的推广和运用。

高职会计教学需要加大对会计模拟实验室的投资，为学生建立一个仿真的会计工作环境，便于会计实践技能的学习和掌握。此外，还应配备多媒体教学设备，使教师能够用多媒体技术进行教学，提高各种教学方法的实施效果，还要注意提高对各种教学条件的使用率，以免造成闲置。

目前各级学校都已建立了校园网络，因此，高职院校可以充分利用现有的网络资源逐步建立基于校园网络的开放式的网络精品课程视听中心、网络会计教学中心、网络虚拟会计模拟实验室、网络在线指导、网络专业图书资料中心等，使得学生可以通过多种手段自主地探求知识，培养学生的独立性、自主性和开放性。

第三节 财务会计教育模式

所谓教学模式是指在一定的教学思想指导下，反映特定教学理论逻辑轮廓，为保持某种教学任务的相对稳定而具体的教学活动结构。它是教学理论的具体化，也是教学经验的一种系统概括。采取什么样的教学模式，直接影响到教学的效果以及学生素质的提高。会计教学模式是一般教学模式在会计教学过程中的具体应用。

一、教学模式概述

教学模式通常包括五个因素：理论依据、教学目的、操作程序、实现条件和教学评价。这五个因素有机结合，就构成不同的教学模式。

1. 理论依据

教学模式是一定的教学理论或教学思想的反映，是一定理论指导下的教学行为规范，不同的教育观往往提出不同的教学模式。比如，概念获得模式和先行组织模式的理论依据是认知心理学的学习理论，而情境陶冶模式的理论依据则是人的有意识心理活动与无意识心理活动、理智与情感活动在认知中的统一。

2. 教学目标

任何教学模式都指向一定的教学目标。在教学模式的结构中教学目标处于核心地位，并对构成教学模式的其他因素起着制约作用，它决定着教学模式的操作程序和师生在教学活动中的组合关系，也是教学评价的标准和尺度。正是由于教学模式与教学目标的这种极强的内在统一性，决定了不同教学模式的个性。不同教学模式是为完成一定的教学目标服务的。

3. 操作程序

每一种教学模式都有其特定的逻辑步骤和操作程序，它规定了在教学活动中师生先做什么、后做什么，各步骤应当完成的任务。

4. 实现条件

教学模式要发挥应有的效果，必须有条件做保证。实现条件是指能使教学模式发挥效力的各种条件因素，如教师、学生、教学内容、教学手段、教学环境、教学时间，等等。

5. 教学评价

教学评价是指各种教学模式所特有的完成教学任务，达到教学目标的评价方法和标准等。由于不同教学模式所要完成的教学任务和达到的教学目的不同，使用的程序和条件不同，当然其评价的方法和标准也有所不同。目前，除了一些比较成熟的教学模式已经形成了一套相应的评价方法和标准外，有不少教学模式还没有形成自己独特的评价方法和标准。

二、行动导向教学模式

（一）高职院校会计专业行动导向教学模式的目标

培养目标是指根据一定的教育目的和约束条件，对教育活动的预期结果即学生的预期发展状态所做的规定。高等职业教育是职业教育的高级形式，以培养高等技术应用型人才为根本任务。会计的培养目标取决于社会和市场对会计人员的需要，而会计的培养目标决定着会计专业的教学目标，会计的教学目标又决定着会计教学的内容和方法，内容和方法最终影响会计教学目标的实际质量。

高职会计教育的目标不应在于教给学生多少会计知识、会计准则和财经法规，而是应注重对于学生综合职业能力的培养，使他们形成一种终身学习的意识。正如美国某著名会计学家所说，会计教育最重要的目标是培养学生独立学习的素质，大学教育应是为学生提供终身学习的基础，使他们在毕业后能够以独立自主的精神持续地学习新的知识，因此，终身独立自学能力就成为会计专业人员生存与成功的必备条件。

高职会计教育和普通高校本科会计教育虽同属于高等教育的范畴，但其培养目标却有着较大的差别。普通高校本科会计教育培养的是能从事会计教学、科研和会计实务工作的高级专门人才。我国高职教育培养的是高技能人才，结合到会计专业，可以将高职会计专业的培养目标定位为：培养拥护党的基本路线，德、智、体、美全面发展，具备扎实的会计理论基础和较强的账务处理能力，具有继续学习的能力，良好的人际交往和团队合作能力，拥有健全的人格和良好的会计职业道德以及创新精神等综合职业能力的高素质高技能人才。

具体说来，高职会计专业的综合职业能力应包括：

1. 专业胜任能力

专业胜任能力是指受教育者从事会计职业所必备的能力，是受教育者胜任工作，赖以生存的本领，立足于社会的一技之长。包括会计专业理论知识和会计专业实践技能。比如经济业务的处理、会计核算、成本核算、财务分析决策、会计电算化等。

2. 关键能力

高职会计专业学生需要具备的关键能力应包括两个部分：社会方法能力和个人发展能力。社会和方法能力是指从事会计职业所必备的社会能力、人际交往、公共关系以及工作学习的方法，包括人际交往能力、团队合作能力、组织协调能力、信息处理能力、独立思考与解决问题的能力等。

第一，人际交往能力，即学生的人际沟通能力。指学生应该能够流畅、清晰地表达自己的思想或意见，信息的传送者与接收者对所交往信息的理解一致，能够在交往过程中对信息进行及时反馈和修正，学生还应掌握一定的交往技能和技巧。

第二，团队合作能力，指团队中的各个成员为一个共同目标而相互支持共同奋斗的过程。应使学生理解团队合作的重要性，理解团队成员间要密切合作配合、共同决策、与他人协调、听取成员意见，学生能够在团队中担任相关角色并承担相应责任，团队成员间应取长补短，共同完成目标。团队合作能力的培养对于多是独生子的95后、00后的高职生源来说也是一种极为重要的能力培养。

第三，组织协调能力，指学生应能根据所要学习的项目或任务，对所拥有资源进行分配，能够控制、激励和协调团队成员，从而完成项目或任务。学生应具备较强的组织能力、处理冲突事件能力、控制事件的发展不偏离中心的能力等。

第四，信息处理能力，是指学生应了解所要完成的任务需要涉及哪几方面的信息，了解信息获取的渠道，能够有目的性地收集信息，并对信息进行筛选和整合。

第五，独立思考与解决问题的能力，是指应培养学生对问题提出自己的思考和看法，不人云亦云，能够有自己的判断，学生应能够根据相关信息和资源进行分析、决策，解决问题。这部分能力和团队合作能力并不冲突。培养学生独立思考能力的同时，学生还应该学会如何在自己的意见或思考结果和团队合作之间进行衡量和判断。

（二）高职院校会计专业行动导向教学模式的原则

1. 科学性原则

科学性原则是指在实施行动导向教学的过程中，应注意遵循学生的认知结构，对于所学内容应循序渐进。行动导向的教学模式要求教师在进行教学的过程中，制定若干个项目或任务，有时教学内容会跨越一章中的几个小节甚至几个章节，有时还需要结合其他课程中所学到的内容，这就要求教师在制定教学项目或任务时，应注意不能过于跨越学生的认知水平，同时，还要超越学生现有的认知水平，寻找到每一阶段学生的"最近发展区"，促进学生各种能力的发展。

2. 以学生为中心原则

行动导向教学模式强调学生是学习的中心，教师是学习过程中的组织者和协调者。这一原则要求教师在进行教学的过程中，应为学生创造尽可能大的决策和行动空间，牢牢把握学生的主体地位，要注意观察总结学生在教学过程中学到了什么，有什么样的进步与变化。

3. 情境性原则

行动导向教学遵循一个完整的过程，即"资讯—计划—决策—实施—检查—评估"。这一完整教学过程的实施有赖于一个真实性的教学情境。行动能力的获取应和完整的任务结合在一起，不能脱离具体的职业背景。行动导向的教学应尽量以真实的或者实际的经验情境或行动情境为基础。

4. 目标明确原则

教师和学生都应该明确计划和执行的项目或行动目标是什么。学习目标的明确，不仅是教师对于教学目标的明确，同时还强调学生自己设立的学习目标也应明确，通过有意义的学习任务激发学生的学习动机，获取直接经验。

5. 合作学习原则

通过学生之间合作式的学习，可以促进学生自身知识结构的完整性建构，并培养学生的人际交往能力和团队合作能力。行动导向教学提倡创造尽可能大的合作学习空间，设定的项目或任务应能促进交流与合作。

6. 反思性原则

反思性原则包括学生的反思和教师的反思。反思性的学习，强调学生在进行"做"的过程中独立思考，激发灵感，总结经验。反思是行动导向教学中一个非常重要的环节，学生通过回顾总结在任务完成过程中所出现的现象、感受等，将这些经验和结论反思内化，积累经验，提高自我学习能力。同时教师也要对教学过程中出现的问题和经验进行反思，注意提取有价值的信息和经验，以此捕捉学生在学习过程中的闪光点，同时提高自身的教学水平。

7. 人本主义原则

人本主义原则要求教学过程中应以学生为中心，教师作为组织者和协调者。人本主义原则还要求建立平等和谐的师生关系，教师应关注学生的个体差异，尊重学生的个性和情感，激发学生的潜能，促进学生综合职业能力的发展。同时，教师在教学过程中应积极渗透具备良好的思想政治素养和良好的会计职业道德的重要性，并以身作则。

三、会计实践教学模式

课堂的系统会计理论知识的讲授，是需要在较短时间内传递较丰富的知识框架体系，学生只能是被动的听讲者，缺少积极主动的思维空间。会计的实践教育教学则肩负着会计理论知识的消化、深化、转化及服务的重任，对学生的能力培养至关重要。因此，优化完善高职会计实践教学模式，采用多样化、系统化、灵活的实践教学模式，增强学生掌握和巩固理论知识的能力，挖掘学生的探索能力，提高学生的职业动手意愿及其职业判断能力。课堂上教师的独立讲解，仅作为教学示范，在充分考虑学生接受能力的基础上，实现教学做的理实一体式培养，通过对企业实践案例的剖析、示范、论证和升华，不断激发学生的学习兴趣，不仅对教学的目的详细地讲解，而且给学生以全面的启发。实现以课堂作业为补充，实施阶段性项目化训练、以案例教学为示范，实施职业引领、以模拟实验教学为提升，实施职业训练、以社会实践教学进行融合，实施职业体验的实践教学模式思路，在理实融通的训练中，充分发挥学生学习探索的主动性和创造性，激发学生自我提升，主动适应职业岗位工作的技能训练。

在优化完善实践性教学的模式上，应在现有理实一体课程结合的基础上，进一步丰富课堂及课外的实践内容，形式上尽量采用多样化和多层次性，不再将会计核算的流程和会计手工的操作局限于练习阶段，应有所总结和凝练升华。在具体的会计实践模式设计时，应和大多数学生的学习现状相结合，无论是在组织教学内容方面还是在教学方法运用方面，努力将现实企业搬到课堂，增强学生的感性认识，并不断丰富单一的实践内容现状，税务大厅、银行营业厅、保险公司、会计师事务所、实体经营的各类门店，都可以进行有益的尝试，比如可带领学生熟悉税务局办税大厅的全貌，了解实体纳税业务的办税流程、办税注意事项等，与银行、会计师事务所等机构联合，带领学生参观学习，熟悉可能涉及的相关部门及相关工作，包括具体的操作过程，利用开学初的学校报到时间，使学生认识学校财务与银行之间的工作衔接，使校内实训逐渐深入社会实际，缩小实训与实际工作的差距。在教学内容的组织上，以案例素材、项目素材、基地素材和实践训练相结合，灵活组织教材与学材的内容，改变传统的方法，多样化地强化职业判断，以培养学生分析、表达、交际和合作等多方面的能力。

第四节　财务会计素质教育

一、会计素质教育的内容

（一）忍耐能力

会计是一个信息系统，自产生以来就是以数字为语言。虽然会计信息数字可以反映千差万别的经济现象，但数字本身是枯燥无味的。因此，会计的素质教育，要培养会计人员对枯燥无味的数字工作的忍耐力。

（二）服从能力

从起源看，会计原本不是一个独立存在的职业，它是从小规模生产经营者核算中分离出来的。也就是说，会计是对生产资料所有者和生产资料经营者的一项服务、服从性工作。从事会计的职业人员不允许按自己的独立思维操作，而必须服从于生产资料所有者和经营者。因此，会计工作者必须树立牢固的服从意识。在生产资料所有者和经营者相分离的情况下，所有者与经营者对会计业务的目标和要求并不完全一致，会计工作者还必须巧妙地处理好这一矛盾。

（三）交际能力

在会计工作中，会计人员要与方方面面的单位和个人打交道，要善于处理企业与财政部门、税务部门、金融部门、投资者、其他有债权债务关系的单位，以及企业内部财务部门与管理者、其他部门、全体职工的关系。所以，应注意培养会计人员的交际能力。

（四）驾驭能力

会计是技术性很强的专业工作，业务素质教育也是会计素质教育的重要内容。业务素质主要指会计人员对会计管理过程进行熟练的驾驭，包括核算准备、核算过程设计、核算工具的熟练运用、核算结果的科学披露等。

以上四点是会计素质教育的基本内容，对会计进行素质教育，应从这四个方面着手。

二、会计职业的素质要求

（一）职业道德素质

会计职业道德是关于会计人员职业品德、职业纪律、执业能力、职业责任的基本要求，是引导和制约会计行为，调整会计人员与其他管理人员、不同利益集团和社会之间关系的社会规范，它是会计人员行为的指南，并促使会计人员按会计制度等职业准则的要求从事会计工作。

建立现代企业制度，企业理财的地位和作用发生了重大的变化，会计工作者是企业理财的主要角色，任重道远。同时，也加大了这一岗位出现经济犯罪的可能性。虽然企业的规章制度和内部控制制度有很多约束，但每年仍有不少会计工作者和会计出身的管理人员利用各种方式进行违法犯罪活动，而且数额巨大，令人触目惊心。会计教育应防患于未然，解决如何做人、做什么样的人的问题。重视在校学生的职业道德教育和思想政治教育，是保证会计队伍纯洁和健康的重要前提。

（二）知识结构素质

随着经济环境的变化，用人单位对会计人才的要求越来越高，对会计专业学生的知识结构十分重视，并以此作为判断毕业生能力的依据。因此，要求会计专业学生除了掌握精准的会计专业知识外，还必须掌握相关学科的知识，知识结构必须广博而精深。单一的专业知识已无助于学生对问题做进一步的分析和研究，也无法使他们找到解决问题的各种变通方法。所以，会计专业学生必须具备如下的知识结构，才能够培养成为具有综合分析和综合管理等方面能力的人才。

第一，人文科学知识。这一类知识主要包括哲学、史学、文艺学、语言学、数学、计算机科学、政治学、社会学等学科。了解这一类知识，主要是加强学生的人文素质教育，培养人文精神。在学习人文知识的过程中，培养学生的语言表达能力、抽象的逻辑思维能力、缜密分析和运用数据的能力；建立听课的技巧，明白研究的步骤，积累历史知识和国际常识。通过人文知识的教育，将人类的文化成果、文化科学进行传授与熏陶，使之内化为人格、气质、修养，成为人的相对稳定的内在品质。作为会计人员，只有具有较高的人文素质，才能提高其思想品德和道德素质，才能献身于会计事业，才能思路开阔、思维活跃、感悟敏捷，从而提高创造能力，取得优异成绩。

第二，相关学科知识。相关学科知识以财政、金融、税收、统计、经济、法学、国际贸易、企业管理、市场营销等学科知识为主，通过学习这一系列课程，向学生介绍企业、政府机构和非营利组织的活动及职能部门的特点，拓宽学生的知识面，使其知识结构更趋合理，增强学生的适应能力和应变能力。并且，运用相关知识分析新情况、新问题、新形势，提高企业市场竞争的能力。

第三，专业知识。这一类知识主要是培养学生的专业胜任能力，掌握从事会计职业的技术知识，又可分为两个体系：主干专业课和专业辅助课。通过主干专业课的学习，学生能够掌握现代会计理论的基本内容和方法，完整把握实际工作中的基本内容，能胜任实际会计工作，具有理论分析和说明的能力，有足够的发展后劲。其课程体系主要包括会计学原理、中级财务会计、高级财务会计、财务管理、管理会计、成本会计、审计学、会计电算化等课程。

专业辅助课主要包括预算会计、外商投资企业会计、施工企业会计、银行会计等行业会计课程，主要增加学生知识的广度，适应各行各业会计工作和管理的需要。

总之，通过专业知识的学习，培养和建立会计专业学生必备的学识、技能和价值，熟悉会计职业道德，能从事价值判断，随时准备探讨与会计学科相关的课题。

（三）能力结构素质

一个人能力的大小，其实就是将所学知识进行运用和转化过程的具体表现。根据现代企业管理需要，会计人员应具备以下能力：

第一，具有分析问题和解决问题的能力。这种能力是以广博的知识和精深的专业知识为基础。一方面，会计学是一门应用性和专业性极强的学科，会计人员的基本技能更多地表现为对日常会计事项的处理和按照会计法律、法规、准则、制度进行的账务处理能力。

只有具备良好的理论基础和基本操作技能，才能保证会计信息的真实、正确、合理、合法。另一方面，随着我国市场经济的建立和不断发展，会计改革也将不断深入，以会计准则代替会计制度将是改革的必然趋势。企业的会计制度将由企业根据会计准则自行设计，如不具备精深的专业理论知识，将无法制定出既符合会计准则要求又适应企业特点的健全、合理的会计制度。

第二，具有一定的自学能力、科研能力和创新能力。随着企业经营活动和政府管理职能的日益复杂化，企业竞争加剧，社会信息呈现多样化和复杂化趋势，而且随着知识更新周期的缩短，再加上会计专业学生在校期间所学的知识极为有限，在以后的工作中还会遇到更多的新情况、新问题、新变化，他们树立终身学习的观念，及时接收会计界的最新研究成果，掌握最新学术动态，将所学的知识及时更新，适应会计职业发展变化的需要，不应以大学教育作为职业教育的终点。

随着经济环境的变化，企业的财务战略、税务策划以及财务风险控制等方面也将发生相应的变化，要求会计专业学生能在工作中善于将所学的知识融会贯通，具有较强的分析判断能力、组织能力和风险控制能力。面对机遇和挑战，能审时度势和趋利避害，面对困难临危不惧，既能适应环境，又有创新意识。从事科学研究不仅仅是理论工作者的职责，也是实务工作者的任务之一。会计专业毕业生有一定的科研能力，具有一定的创新理念，应当就会计实务中遇见的问题进行探讨和总结，为完善会计学科理论与实务做出应有贡献。

第三，具有良好的心理素质和承受能力。经济与科技的飞速发展、社会环境的不断改善，会计人员所面对的不再是单纯的数字，而是一个复杂多变的环境。在各种经济活动中，会计人员的工作责任将更大，遇到的问题将更复杂，投入的精力也将更多。以注册会计师行业为例，注册会计师将发现，客户总是不断地给他们提出新问题，他们也不得不接触一些从未涉足的领域，他们不得不在更短的时间内以更好的质量完成客户的委托。因此，在这种高速变化的信息社会里，未来的会计人才应该有接受挑战的勇气，能够承受更大的压力，在紧张和快节奏的工作环境下，保持良好的心理状态，有条不紊地开展工作，应付自如。

第四，具有较强的实践能力。会计专业毕业生要有快速进入工作状态的动手能力、传递和接收信息的口头与文字表达能力、集体（团队）工作的人际关系协调能力等，因为这些基本技能是他们充分发挥主观能动性的保障。有了这些基本技能才能灵活运用所学知识，改善企业的内部环境，以适应企业外部环境的要求，并以优良的企业内部环境去影响企业的外部环境。

第七章 财务会计人才培养教学改革中的创新

第一节 翻转课堂对人才培养的创新应用

一、翻转课堂与传统课堂的对接

(一) 翻转课堂与传统课堂的教育理念碰撞

1. 翻转课堂难以摆脱"应试教育"枷锁

我们都知道,传统的会计教学模式已经不能适应当今教育改革的要求。教学改革要求学生学会自主预习、自主探究、自主总结,同时,形成良好的学习习惯和思维习惯;要在教师的指导下,具备自主探究的能力以及体验对科学概念和科学规律的探究过程;要在具体的学习中养成实事求是的求知态度,认识到实验是检验科学真理的方法,具备学好科学文化知识将来为祖国做贡献的崇高理想。然而,实际课堂情况却依然是以教师为主体,学生被动地接受课堂知识,教师不顾学生是否理解其中含义,只是单纯机械地灌输所学知识,忽略课堂中学生的主体地位。大学会计教学改革所要求的内容,很多不能体现在实际课堂教学中,许多教师仍然固守着之前传统的教学思想和方式。

许多学生家长过分看重学生的考试成绩,忽视学生综合素质和能力的培养,于是各种会计考试成了教学的指挥棒。这种情况可能导致学校和教师不考虑学生的全方面发展和终身发展,一味追求会计资格证通过率,会造成会计课堂教学仍以知识传授为重,教学模式死板,缺少创新,对于学生的作业只注重量不注重质,这就使学生的知识接受创新能力和自主钻研探索能力得不到应有的开发。因此,改变这些传统的教学模式和思想迫在眉睫,否则,不仅是翻转课堂这种形式,任何创新型课堂形式都很难得到实施,教学改革的要求就难以达到。

2. 翻转课堂要求革除传统教育观念与会计教学方法上存在的弊端

由于长期受应试教育的影响,很多教师在教育观念、教学方法上均存在着弊端,这不

仅不利于教师的专业能力的提升和长远发展,而且阻碍了学生全面、健康地发展。这些弊端主要表现在:

首先,教师把教学单纯地看作一种教育手段,教学只是作为传递知识的工具,这就有很大的局限性,忽略了对教育本质的追求,忽略了最终的目的到底是什么,只是单纯地强调这一手段。

其次,教师把"教"与"学"看得太过简单。"教"就是单纯地教给学生书本上规定的特定知识,单向地对信息进行传递;对于"学"的理解,也只是认为学生就是死板接受课堂所灌输知识的机器,接收到了就好,并不在乎学生有没有充分理解。

最后,传统的教学模式丝毫不在乎学生在课堂中的主体地位,限制了学生自主学习和主观能动性在课堂上的发挥,学生的课堂体验差,缺乏同学之间的沟通交流。这样,课堂教学就受到了严重影响,教师往往把复杂的教育活动简化为"教书",似乎把书本上的知识传授给学生就是教育的真谛。这种观念给这些教师带来一种错觉:教师的职责在于"教书",教得越卖力,对教育事业越忠诚。

基于此,在相当多的传统教学模式下的学校中,依然流行着死记硬背的学习方法和机械灌输的教学方式,阻碍了学生人格的健全发展,使学生成了应试的机器。这样的教育已经与教育最初的目的相背离。

翻转课堂这种新兴的会计教学模式,首先要求教师改变原来的教育观念,教师是否愿意改变、能否改变,是必须解决的关键问题。这种教学模式还要求教师具有一定的信息技术素养,这样才能录制微课、编辑视频等,如果想要做得更好,还可以做专题网站、开通博客等,这无疑要求会计教师具有更高的教育技术能力。会计翻转课堂对教师的综合素质要求很高,教师要有海纳百川的胸襟进行自我充实,要有足够的经验和气场把控和调节课堂的节奏和课程的进度,要有足够宽阔的视野来引导学生探索更广阔的世界。

(二)翻转课堂与传统课堂的对接

1. 学校作息时间安排问题

翻转课堂与传统教学会计课堂不同的是,对于学生课后学习的时间要求比较多。因此,学校需要针对此调整给学生留出更多的课后时间。翻转课堂要求教师给予学生充分的课余时间,使学生能有足够的时间自己安排学习。如果学校不要求上晚自习,教师要避免留过多的作业,而应留给学生更多的课后时间观看学习视频,进行更多针对自身有缺陷的练习。如果学校需要上晚自习,那么,教师在课堂中也不要布置过多的课上内容,而要留给学生更多的时间对翻转课堂的前期环节进行准备。

2. 学科的适用性问题

国外的翻转课堂目前大多应用于理科类课堂中。理科课程的学科特点有利于实施翻转课堂模式，因为理科课程大多只须强调一个固定的公式或者实验等，具有明确固定的知识点。那么，翻转课堂实施时就要灵活地针对其他不同的学科，改变不同的策略教授给学生知识，课后学生的反馈要及时接受，推进教学改革。

3. 教学过程中信息技术的支持

信息技术作为推行翻转课堂实施重要的手段和技术支持。它的重要性体现在方方面面。比如，教师制作课件需要信息技术支持；学生在家自主学习课件需要信息技术支持；构建互动化的学习环境等都离不开信息技术的支持。

学校在开展在线教育时受很多方面的影响，其中影响较大的两个因素是宽带和网速的问题。受这两个因素的影响，学校应配置高性能的服务器或者增加宽带接口，来更好地进行翻转课堂的实施，有条件的学校实现校园 Wi-Fi 无死角覆盖等。至于课后学生对于计算机硬件的需求，通过计算机自主学习时，学校应该尽力提供相应的硬件设施支持，如学校机房的学习时间可以延长到课后，做到让学生在校园内随时可以进行网络学习。

学生在课后课堂中会观看教学视频，因此，其质量的好坏直接影响着学生的学习效果。教学视频的制作离不开专业技术人员的帮助和支持，不管是前期制作还是后期剪辑。另外，针对不同学科，教学视频也应采取相应的设计风格。如果学校要推行翻转课堂，那么，需要在技术上对授课教师给予支持帮助，从一开始视频制作就进行总结整理，形成一套完整的流程，方便日后的教学视频制作。

最后一个对翻转课堂能否顺利进行实施有重要影响的因素，就是教师与学生和学生与学生之间的互动交流。利用网络信息技术我们建构网络教学平台，实现学生在一种个性化与协作化的环境中学习，并且在这个教学平台上，学生还可以依据自身的学习能力和需求制订学习计划，教师可以根据学生的反馈设计不同的教学策略。

4. 对教师专业能力的挑战

教师的专业能力在翻转课堂的推行中有着很大体现与影响。教师在课前需要准备教学视频、教学任务设计，还要对课堂教学时间进行调整、制作课堂小活动等，在课堂中还要对学生答疑解惑，鼓励学生团结合作，这些都是对教师专业能力的巨大挑战，并影响着教学结果。

因此，加强对教师能力的培训与提升有助于推进翻转课堂的实施。首先，促进教师教育观念的转变和教学理论水平的提升,提高教师的教育专业研究能力,从而促使教师能够在教学中贯彻学生作为课堂主体地位的思想,充分了解每个学生的个性,并提供相应不同的指导。其次,加强对教师信息技术素质的培训,通过这些信息技术素质的培训,还有相关人员的帮助,教师能够独立制作出活泼有趣的教学视频,并且能够用生动、幽默的语言讲述出来。同时,在网络教学平台中,学生需要教师来对其进行积极的引导,加强师生之间的交流互动。学生提出问题,教师答疑解惑,在这一过程中学生的积极性被充分调动起来,教师还需要根据不同学科来设计不同的课堂活动。

(三) 翻转课堂过程中教师角色转变

翻转课堂中教师的角色也发生了相应的变化。

之前,教师只是单向地将知识传递给学生而忽视了学生的主体地位,在如今的翻转课堂中,教师需要充分了解学生的学习需求和程度,尊重学生的主体地位,帮助学生自主地学习知识。当学生在自主学习过程中,遇到不懂的问题,教师需要及时进行答疑解惑,因此,在这种教学模式下,教师不再是高高站在讲台上的单向知识传递者,而是变为了学生旁边的辅导者。

传统的会计课堂一直沿用传统的授课方式,教师在课上教授知识后,给学生布置课后作业,留给学生回家完成。这一过程中,教师就是知识的代表,学生通过教师的教授和传递获得知识。教师作为传授知识的主体,不可或缺,即使是留给学生完成的作业也只是为了巩固教师在课上讲授的内容,教师的教这一步骤在教学中占据着首要位置。相对于传统课堂内听讲的过程,学生做作业的过程,是在教师指导下被动学习过程的延续,是为巩固课堂学习而采取的辅助性的教学活动。

而在开创翻转课堂事业的亚伦和伯格曼眼中,却看到了一种教育中独有的现象,那就是在教师与学生的教授过程中,并不是在课堂中学生最需要教师的帮助,而是在学生独立完成课后作业遇到疑惑的时候,最需要教师进行指导帮助。他们发现的这一现象,大大颠覆了传统的教育模式跟理念。这一发现也引发了疑问,在课堂中到底是对学生继续知识讲解,还是引用新发现中学生最需要教师的时刻进行作业布置指导呢?基于这一教育发现及对学生学习的新认识,这两位化学教师更加坚信翻转课堂教学模式的合理性和重要性。

做作业的过程是学生主动吸收和内化知识的过程,在这个过程中,学生会暴露各种各样的个性化问题。因而,这是发现学生个性化学习问题和需要、给予学生个性化指导的重要时机。如果学生的作业是在家里完成的,那么,遇到困难时只好求助家长或者同学,但并不是所有的家长都能够胜任辅导孩子学习任务的。在传统模式下，孩子在做作业的过程中，是比较难以得到教师个性化帮助和支持的。会计翻转课堂则有利于实现这一目标，即教师对学生学习的个性化指导。

会计教学翻转模式下，突出强调学生自己对其学习过程和结果负责任，学生是学习的主体。学习是学生自己的事情，只有当学生积极从事学习活动时，真正的学习才会发生。视频录制时，需要教师采用一对一的风格给学生讲解知识；课堂内，教师不再是知识传递者，也不是发号施令者，而是基于课程标准和学生学习实际情况，对未达标的学生给予帮助，保障其学习达到要求掌握的程度。而对于要求学得更多、更好的学生，则提供相应材料，提出更深层次的问题，并且当他们在探究过程中遇到困难时，进行应有的指导和辅导。

正如翻转课堂的发起者亚伦所言："翻转课堂最大的好处之一，就是全面提升了师生间和生生间的交流互动。由于教师的角色已经从内容的呈现者转变为学习的教练，这让我们有时间与学生交谈，回答学生的问题，和学习小组一起讨论，对每个学生的学习进行个别指导。当学生在完成作业时，我们会注意到部分学生为相同的问题所困扰，我们就组织这部分学生成立一个学习小组，给予相应指导。"

（四）翻转课堂的主要任务

根据当前我国课程教学评价的要求以及学生学习的实际需要，翻转后的课堂内，教师个性化指导的活动主要有以下几种类型：

1. 巩固强化

我国还属于基础教育的阶段，因此，当前的主要任务就是使学生接受理解知识。学生在课前自主通过教学视频预习课上要学习的知识。如果学生在这一预习过程中有不理解的知识点和内容，那么，教师在翻转课堂中的首要任务就是指导学生不理解的知识点和内容，并对知识点进行巩固和强化。

目前许多学校对学生巩固知识的方式仍然是在课前给学生发放导学案或者预习资料。预习资料上给学生明确规定了课堂目标、课堂重点知识点，还有根据课堂内容制定的课后题等。学生在观看教学视频进行课前预习时按照资料上规定的内容预习就可以，在完成观看对课堂内容有了了解之后，完成预习资料上留的课后题，包括选择题和批判性思考题，选择题容易在网上直接判阅，然而思考题属于客观题，在网上直接批改不太方便。教师批阅这些预习资料的完成情况，可以更好地了解学生对课堂内容的理解情况，从而对课堂时间比例进行调整。在课前了解学生的学习情况，这在以前很难做到，然而，在如今互联网大数据时代已经变得容易。

2. 系统梳理

学生在观看教学视频学习时，得到的只是较为零散的知识点，因此还需要教师在课堂上对学生掌握的知识点进行总结梳理，使学生对于知识有一个系统的理解，帮助学生更好地消化理解所学内容。

特别是在学习完一整个单元的内容时，此时更需要教师对学生本单元学过的内容进行复习巩固，这对于学生系统化的认知很重要。学生对所学内容有了系统的把握后，明白了重点知识点在哪里，并且能够找到各知识点之间存在的联系，这对于学生整体把握知识脉络、构建系统的知识体系有很大的帮助。

3. 拓展加深

有的学生整体水平相较其他学生可能更高一些，这就需要教师再额外针对这些学生准备一些更有深度的问题和学习内容。国外也有这样的实践例子，将这些水平较高的学生集中起来，分到同一个小组或者同一个班级，进行统一有针对性的授课，满足其进一步探索的欲望，对其进行深层的拓展，这也是翻转课堂推行的一种"实时走班"或者"及时分组"的教学形式。

4. 探究创新

在当今社会，探究创新意识被提到的次数越来越多，因此，学生要培养探究创新的意识不可或缺，尤其是进入社会以后，对这点要求会越来越高。然而，探究创新意识的培养是一个漫长的过程，需要大量的探究时间。这对于传统的会计课堂来说是很难做到的，因为在传统课堂中，大部分时间都交给了教师来教授课程，其余时间用于学生巩固练习，可以用来探究的时间已经很少。只有偶尔在公开课上，或许会有一点时间留给学生进行探究活动，平时的机会则少之又少。

而在翻转课堂中，学生则有更多的时间进行探究活动。因为事先对课堂内容进行了学习，有了初步了解，所以在课上，学生可以针对特定的问题，小组间或者同伴间讨论合作完成，这些都属于探究创新活动。

在翻转的会计课堂内，因学生事先学习了知识，了解了相关材料和事实，课堂内主要的活动是完成作业、解决问题或从事探究等。因而，相比传统课堂，在翻转课堂内，学生的活动较多，师生之间、生生之间的交流研讨较多，学生的发言和展示较多；在教师引导下，学生可从事不同的学习活动，课堂氛围比较活跃。这样的会计课堂，初看会感觉有些乱，不像以往的课堂秩序井然。但是，课堂内，只要学生在从事真正的、积极的学习，只要学生在课堂结束前能够证明自己掌握了所学内容，就是成功的课堂。反而这看起来有点"乱"的课堂，恰恰是课堂内充满活力的一种表现，是学生真正学习的一种表现。

当然，对于这样有点"乱"的课堂，新任教师会有些紧张，感觉难以驾驭。确实，翻转的课堂管理，对教师提出了更高的要求，要能够引导学生真正学习，对学生的不同问题给予相应的解答或者回应，仅要求学生"坐着不动，站起发言"是不够的。

二、会计教学实施翻转课堂的必要性和可行性

（一）高校会计课程实施翻转课堂的必要性

1. 适应教育信息化发展的需要

自1994年至今，随着互联网技术和计算机科技研发与应用的发展，我国教育信息化水平也在不断提高，现代信息技术在教育领域的作用不言而喻，而翻转课堂作为一种教育信息化发展的成果，从一定程度上改变了人们对"知识传授"与"知识内化"的传统理解，激发了人们开始对人才培养的创新模式探索和教育模式的改革。国家教育部先后从《教育信息化规划（2011—2020）》《国家教育技术计划》两个文件对我国未来的教育信息化进行了计划式的推进规定。总的来看，在教育信息化的发展大趋势下，翻转课堂作为一种新的人才教育理念，对人才培养的学校提出了新的要求，为了适应这种需求，高校已经开始以应用型人才培养为主，以教育信息化为基础，不断探索人才的教育方式，翻转课堂在一定程度上则满足了高校的这种需求。

2. 对当代课程改革回应的需要

何种教育是最符合人类认知规律的教育？何种教育才是提高教学效果的教育？这些都是教育者在不断探索的问题，也正是因为有了探索，所以才有了不断的课程教学改革，翻转课堂本身也是一种课程教学改革，与传统教学不同，翻转课堂"先学后教"更符合人类的认知，这是因为"翻转课堂抓住了学生最困难与最迷惑的时候"。高校所培养的人才是应用型人才、技术型人才，但是高校的教育模式往往沿用的是以"教学为中心"的培养模式，学生在学习过程中处于被动接受的一方，很多研究结果都表明，这种传统应试教学模式并不符合学生的个性化发展和创新能力的提高，这就需要高校应该及时调整人才培养方式，积极面向教育信息化来改革课程教学。

(二) 高校会计课程实施翻转课堂的可行性

1. 翻转课堂能够满足会计教学要求

从会计课程性质来看，课程的实践性、理论性以及操作性都很强，在会计课程中引入翻转课堂理念，将教学时间重新进行分配，将网络学习与课堂学习有机地结合起来，将课堂学习延伸到学生的业余时间，课程学习不再受时间和空间的限制，使教学资源得到了高效的利用。

此外，翻转课堂可以避免课程教学流于形式化和程序化，学生在翻转课堂中通过各种仿真实训操作训练，有了更多实训操作的机会，而学生的知识建构也正是在这种实训实践的过程中生成的。

翻转课堂能够进一步提高师生之间互动的频率，对于教育者来说，翻转课堂为师生之间搭建了一个很好的互动平台。在"互联网+"的大背景、大趋势下，远程教育、网络教育等都为教师与学生之间的课堂互动提供了时间保证，将自学放置于课外，课上在互动交流中解决问题，就是一种有意义的"翻转"。此外，翻转课堂颠覆了师生之间的地位，尤其是对教师来说，自上而下的灌输式教学不再适用于翻转课堂之中，在翻转课堂的理念指导下，教师放下自己的权威，走下讲台，走入学生之中，成了学生在学习中的指导者和引导者。在翻转课堂教学模式中，教师的身份更类似于一场比赛中的"教练"，与传统教学相比，身份发生了绝对性的改变。

2. 会计课程能够适应翻转课堂的教学特点

根据翻转课堂的特点，在会计课程的教学中，翻转课堂更适合于带有实践性、可操作性以及应用性较强的教学内容。会计课程其本身除了有一定的理论性外，实践性和应用性等也比较明显，这些特征与翻转课堂的本质是十分契合的，这也为在会计课程中实施翻转课堂提供了可能性。在会计传统教学中，由于课时所限，多数教师都刚好能够完成理论部分的讲解，在关于课程的实践训练安排上则相对较少，学生在学习会计课程时，由于缺乏对会计实务的经验积累和基本认识，再加之个人的生理（年龄较小）等，他们对会计基本理论和方法很难充分理解和掌握，过多的理论教学则会影响到课程的实际教学效果。在会计课程翻转课堂实施中，主要分为课上与课下两个阶段。课上教师是讨论的组织者和作业的辅导者、讲解答疑者，而课下是学生自学的阶段，学习内容主要来源于教师的课件、搜集的教学资源、发布的教学任务和教学视频等。通过此种方法，有助于改变传统教学模式下课时不足、学生自主性不强等问题，对教学效果有着非常重要的促进作用。

（三）会计课程实施翻转课堂的理论基础

1. 掌握学习理论

所谓掌握学习理论是美国学者布鲁姆基于对何谓有效学习的思考逻辑基础上，提出的理论，主要是针对当时在学校中教师对学生"三分之一"等分的预期理论的批判，布鲁姆认为这种预期在教学中是十分有害的，它固定了学生的身份，否定了差生难以自我改变的可能，这种预期不仅会削弱教师的动力，也会影响到学生的学习动机，所以布鲁姆在"所有学生都能学好"的认知下，提出了旨在为学生提供个性化帮助的学习理论——掌握学习理论，该理论探讨了学习时间与学习者能力之间的关系，强调学习者对知识的掌握来自两个层面：第一个是教师的教学效果（最佳教学）；第二个则是学习时间。布鲁姆在他的实验研究中观察发现，并得出了只要"能够给学生提供最佳的教学和足够的时间，绝大多数学生都能掌握所学的知识（通常为知识内容的80%~90%）"。在布鲁姆看来，允许的学习时间、毅力以及教学质量是学生掌握知识的变量，在学生的学习过程中发挥着重要的影响，在这三个变量中，学习时间的提法则与翻转课堂是不谋而合的。同时，学习时间也是会计课程十分注重的，因为会计的实务非常需要学习时间予以保证，它不是理论讲解可以代替的。掌握学习理论作为会计翻转课堂实施的理论基础，就要求教师要改变学生的"允许学习时间"，而翻转课堂的教学模式则为掌握学习理论中提出的"允许学习时间"提供了一种实现途径。

在会计的传统课堂教学中，由于是大班集体教学，因此，教师很难在教学中顾及每一个学生的需求，很难做到因部分基础差、能力差的学生而放慢自己的教学进度，同时，也很难从时间上保证去回答每一个学生在学习中遇到的问题。而在翻转课堂的教学中，教师可以将课件和教学资源、视频放置于网络平台中，让学生依据自己的情况有重点地学习知识，保证了"允许学习时间"。同时，学生可以自定学习进度，利用课下学习、课堂提问与探讨的方式，保证了知识掌握的可能。在翻转课堂教学下，学生对会计中的理论学习具有了个性化的特征，在这种模式下，学生的学习能力和学习速度等，不会成为影响学生学习程度的制约，反而使学生有了更多的时间可以反复去学习（观看教学视频）。这种课下自主学习打破了传统教学模式在时间和空间上的束缚，保障了学生学习时间，从而在布鲁姆"掌握学习理论"框架范围内，让每一个学生（好学生、差学生等）都有了实现掌握学习知识的目标，帮助每一个学生获得提高，同时，也有助于实现会计课程的教学效率和效果。

2. 合作学习理论

合作学习理论最早可以追溯到 20 世纪 70 年代末期的美国，是指为了完成共同的学习目标，围绕该学习目标进行的合作互助性学习，在合作学习过程中，对于改善和发展学生的认知品质有着良好的作用。在合作学习过程中，学生的分配组合也是非常具有技巧性的，通常是将能力各异的学生进行分组与搭配，通过互助与分工共同完成学习任务，通过小组的整体成绩的提高，来促进小组中成员学习能力提高和知识的获取。合作学习必须具备三个条件：第一，小组成员的共同目标；第二，合作学习目标的实现提高了学生个人的认知；第三，合作学习除了提高了小组和个人的成绩与知识认知外，还有助于提高学生的非知识能力，如交往能力、合作精神、责任意识、竞争意识、主动学习能力等。在合作学习理论中，师生之间的关系可以诠释为教师主导，以学生为主体的全体式教学观念。教师主导就是以教师作为指导者而不是直接讲授者的身份出现在合作学习过程之中；以学生为主体，就是要充分尊重学生的话语权和对知识的看法，保证学生学习的积极性；全体式参与就是通过分组学习的形式，让每一个同学都参与到任务目标的小组学习中，让每一个学生都能参与，都会参与，都可以参与。从对合作学习理论的基本了解中，我们可以看出，合作学习的本质是一种全体参与的目标导向的实践，小组成员之间通过良性互动和相互讨论等方式来实现对学习目标的实现，在这个过程中，学习能力和成绩相对较好的学生，可以成为学习成绩较差的学生的直接帮扶者，从而实现共同进步的目的。合作学习理论改变了人们对传统师生关系的认知，树立了一种新的知识建构与学习体系，这与翻转课堂中提倡的讨论教学等理念不谋而合，翻转课堂主张在课堂上的学生讨论，将课下自主学习中的疑问带到课堂上来解决，从而实现学习能力的提高。因此，我们也可以从合作学习理论这一视角，来阐述和解释翻转课堂在提高学生认知和能力等方面的效用。

3. 建构主义学习理论

所谓建构主义学习理论，最早由皮亚杰提出，该理论是指学习者的知识获得是建立在一定的情境基础上实现的，这种情境类似于翻转课堂中所提到的网络平台中的教学资源、视频资源等，在这种网络情境下，学习者不再通过教师的课堂进行知识的获得，而是自主地在教师构建的情境下进行学习，利用这些教学资源进行知识的获取与个人提高。虽然建构主义强调的是情境学习，但是教师的辅助作用同样非常重要，建构主义学习理论同样认为教师是学生的指导者。建构主义学习理论的本质是在教师指导下的学生主体式自主知识建构的活动。建构主义学习理论之所以能够成为翻转课堂的理论基础，笔者主要是基于以下三种认识：首先，该理论强调的是学生对知识获取的自主过程，这与翻转课堂的知识内化过程相一致；最后，在建构主义学习理论中，师生在教与学中的作用与地位发生了改变，这与翻转课堂中师生关系"翻转"相一致；再次，建构主义与翻转课堂的效果发挥都对现代信息技术有依赖，受到现代信息技术的制约。作为翻转课堂的理论基础，建构主义学习理论中所提到的理想过程——"情境、协作、会话以及意义建构"在翻转课堂的过程中都可以被发现。

从翻转课堂的完整过程来看，其效果的实现必然离不开精良的"情境"设计，良好和有趣的情境会极大地激发和提高学生的学习兴趣，激发学习动机，从而让学生在轻松与饶有趣味的情境下获取知识；在翻转课堂中，"协作"与"会话"始终贯穿于课堂上的学习过程中，学生将在课下通过网络平台自学到的知识教老师和其他同学互动讨论，在发表自己的观点和听取他人认识的"协作""会话"中丰富自己对知识的理解，从而达到自己对知识的意义建构。翻转课堂的这种教学过程，真正地体现出建构主义学习理论的教学模式。

三、基于翻转课堂的会计教学过程设计

（一）加强课前教学材料设计，做好翻转课堂教学基础工作

传统的会计教学模式通常要求学生课前对课本进行预习，然而会计专业的教材一般都是老教材，内容单调枯燥，学生预习课本的话很快就会失去积极性，效果并不理想，学习效果反而会适得其反。因此，要想提高学生的学习效果，剔除教材中枯燥冗杂的信息很关键，并制作学生感兴趣、需要的内容，提高学习效率。

翻转课堂需要教师在课前就准备好教学用的电子材料，教师在选择材料的时候一定要谨慎并专业。因为，这些材料是要用来给学生日后预习用的资料，学生将通过这些材料了解接下来学习的形式和内容。教师在选择制作这些材料的时候，一定要考虑到整个课堂流程。制作的电子预习材料既要包含学生需要了解掌握的基础知识，又要有拓展的案例供学生去了解分析，为后来的课堂展开做好铺垫、打好基础。

翻转课堂在技术层面常用的教学材料一般是微视频。这些微视频一般时间不超过15分钟，虽然时间不长，但是具有较强的针对性，质量较精；学生也很方便在网上将其下载下来，因为微视频容量不大。但由于在我国翻转课堂还没有大范围地在各高校开展，所以有关会计教学的网络视频不是很多，就算有，也是时间较长、内容较为广泛、质量欠缺的视频，因此，这就需要会计教师亲自制作微视频。制作微视频可以采用屏幕录制捕捉软

件，加以 PPT 辅助说明内容，最后加上教师对知识点讲解的录音就可以了。

（二）完善学生自主学习信息反馈机制，科学制作课堂教学案例

翻转课堂的设计需要遵循动态课堂资源的理念，才算是设计较好的翻转课堂。不像传统课堂，翻转课堂并不以一个既定的目标去进行教学，而是以一种动态课堂的理念，根据课堂实际情况、教师与学生的互动情况，自由、灵动地进行教学，因此，教学目标是一种动态发展的目标。在这一过程中，随时有可能产生教师意想不到的新问题。在课前预习的过程中，学生将自己遇到的问题以邮件或者微信等形式发送给教师，教师了解问题后可以及时调整课堂内容。

以存货期末计价为例，由于学生在自主学习过程中，已经基本掌握了存货期末计价的基本知识点，对于教师提出的拓展性问题，学生在网上进行了资料搜寻。因此，教师需要针对学生更为关注的情景和事件做进一步教学案例设计与讨论。

（三）建构课堂情境，引导学生互动学习

翻转课堂模式下的课堂强调以学生为中心的互动式学习，教师在这个过程中充当帮助者和引导者的角色。与传统课堂相比，由于学生在翻转课堂的自主学习板块已经对基本知识进行了掌握，课堂时间则是对知识进行更加深入的学习，再度强化知识内化过程。知识是学习者在一定的情境中利用个人经验与外界相互作用，通过主动建构而获得的。鉴于中级财务会计的实务导向特点，教师可以根据企业具体业务流程和现实商业环境中的案例，来构建真实商业环境的课堂情境。比如，采用角色扮演法让学生扮演企业某一业务涉及的角色，模拟实际的业务处理流程，完成实物流转和单据流转，让学生对实际工作有更加深刻的了解。

（四）综合评价教学效果，总结提升教学内容

翻转课堂的实施想要达到一定的效果需要一个很长的过程，效果是在长时间的实践中积累出来的。以前学校对教师和学生的评价都是以一个学期为周期，学期结束后教师、学生对彼此互相进行评价。而在如今的翻转课堂中会采用全新的评估模式，以每一堂课结束为周期评价一回，教师在上完课后对自己有个评价，发现自己哪里做得不太好及时进行纠正、改进，同时，对学生在课堂中的表现也要进行一个评价，这样一来会更加具体、细致化。

在以过程为导向的考核中，课前自主学习的反馈环节、小组内部讨论的课堂记录、小组推选成员展示的课堂记录，都可以作为学生学习成绩的重要依据。教师可以在课程开始的时候向学生说明课程的考核形式，让学生跟着教师的教学理念走，以更好地保证教学效果。

目前，我国会计课堂对翻转课堂的实施刚刚开始，对于教师而言，适应这种新的课堂模式是一个不小的挑战，需要教师根据新的模式和学生的知识接受程度，调整之前的授课方式和教学内容。要做到这点，就需要教师摒弃之前一些旧的教学观念和方法，依据翻转课堂要求的新理念、新方法来教授学生知识，并在不断的教学实践中，运用各种技术手段提升自己的课堂教学效果。

第二节　微课对人才培养的创新应用

一、微课在大学会计教学中的应用

（一）课堂教学

像上文提到过的一样，微课的主要表现形式是微视频。微课可以贯穿到整个会计教学课堂中，不论是从课堂导入、课堂知识点讲解还是课后总结，都可以采用微课教学。微课教学可以更好地激发学生的学习兴趣，使枯燥的会计课堂变得活泼有趣。

大学会计教学课程中，学生对会计知识掌握程度不同，针对这点，教师可以有针对性地制作微视频，使学生在课后也可以观看视频巩固课上学到的知识。微课教学对导入新知识极为有效，教师为微课制作的微视频新颖且有趣，并且制作精美，以此作为课前导入材料，可以极大地激发学生的学习兴趣，从而导入新知识。而对于课上一些比较难理解而又需要学生掌握的知识点，教师还可以将这些内容集中整理，利用微课有针对性的特点，对学生进行重点教学，可以有效集中学生注意力，提升教学质量。微课虽然是一种新的教学模式，但还是以传统教学模式为基础的。因此，教师必须对微课及传统教学做好一个过渡衔接，不仅要在课堂中体现微课的新，还不能忘了课堂上占主体地位的仍然是学生。并且，要给微课教学配备适合的课堂探究讨论活动，这样才能更好地发挥微课的作用，提升教学效率。教师还可以将难点、重点知识以微课形式表现出来，加上图表等辅助说明，可以使学生更直观地理解知识点，融会贯通。单在课堂上学习的会计内容是远远不够的，会计学习需要更大的环境，这就需要教师在课程设计上多添加一些课外内容，拓宽学生的知识面，使学生对会计学习有一个更全面的理解。

（二）提升学生自主学习能力

如今的在线教学中，微课教学已经成为一种主要方式。利用互联网的共享性，学生可以随时随地观看教师制作好并上传到网络上的教学视频。相较以前，学生可以更灵活地进行自主学习，提高了学习热情和效率。

我国课程改革的目标也是致力于提高学生的自主学习能力，通过课改改正学生被动的学习方式，鼓励学生积极主动地自主学习，从而激发学生学习的兴趣和探究欲望，这不仅是课改的目标，也是我国选拔未来人才的标准。微课较传统课堂时间缩短了很多，并且内容有针对性，且由于互联网的便利性，只须输入关键词就可以轻易搜索到，方便了很多；微课的时长通常控制在10分钟左右，这也符合学生的身心发展，因为大多数学生集中注意力的时间也在10分钟左右；录制的微视频具备视频的一般功能，可以随时暂停播放，这就大大方便了对知识掌握程度不同的学生，学生可以根据自身的学习情况和接受程度控制视频的速度，增强了学生自主学习的兴趣。另外，微课内容由教师上传到网络之后，学生不再受时间、空间限制，可以随时随地想学就学，学习方式更加灵活自由，极大地调动了学生自主学习的积极性，并且为学生能够自主学习提供了一个良好的平台。学生学习知识再也不用只在教室这一个地方了，可以在寝室、食堂或者饭店等各种场所，随时随地观看视频自主学习，如果遇到不会的重难点内容还可以通过对视频的反复观看加深印象，直到全部理解，有利于学生掌握好每个细小的知识点，并逐步提升自己的会计专业知识水平。除此之外，教师还可以准备由学生自己独立完成的微课，提前给学生布置好需要自学的内容，教生了解到这些任务后自主学习会计课程内容，老师可以在之后的课堂中对学生的自学成果进行检验，学生也可以自行检验自己的自学效果。由此可见，微课是一门可以极大促进学生自主学习的课程，通过微课这种形式，学生也可以更好地实现自主个性化学习。此外，微课的移动化、碎片化特点，又方便了学生在课后随时随地对自己掌握不扎实的知识点进行复习，可以有效拓宽学生的知识面，使学生更加灵活方便地进行自主学习。微课模式相比传统授课模式而言，对教师的要求更为严格，因为微课内容少了课堂的束缚，变得更为开放，这就要求教师不仅要掌握制作微视频的技术和手段，还要掌握在互联网中分辨良莠信息的能力，选择一些真正对会计学习有用的信息，这些都需要教师拥有一定的技术手段和付出一定的时间，不免会加大教师的压力。

（三）提升教师专业素质

微课程是一个极度浓缩产生精华的过程，在制作过程中往往需要反复推敲、修改直至完善，微课程是一个可以在很短时间内展示成果的课程。因此，在制作过程中，会计教师需要反复观看视频内容是否符合自己的教学内容并加以修改，还要不断学习充实自己，可以在微课中加入更多的课外内容，这样才能准备一堂较好的微课堂。由此可见，微课对于加强教师自身专业技能具有促进作用，因为在制作微课的过程中，教师反复推敲，不断发现问题，从而反思自己，改正教学方法，学习新的教学观念，从而提升自身的会计专业技能。此外，微课还可以大大提升教师对信息技术运用的能力。教师通过制作微课，可以更好地熟悉信息设备，更加熟练地掌握对信息技术的运用，从而树立更现代化的教学思想和理念。教师制作微课的过程本身就是一个不断反思与发展的过程，在这一过程中，教师不断提升自己的教学能力。微课可以通过互联网共享到全国甚至是全球的资源中，教师可以通过互联网观看不同教师制作的视频，通过视频学习别人的教学内容和理念，彼此间再进行交流切磋。教师要善于利用微课这一教学模式，不断完善这一课程模式，使微课为大学会计教学做出更多的贡献，成为会计教师教学的重要手段。教师在课堂中推行微课模式也是深入贯彻《教育部关于全面提高高等教育质量的若干意见》的相关精神，推行微课模式有利于利用信息技术对大学会计课堂的融合，推动大学会计课程的发展和教师水平的提升，高校的会计教学若能充分发挥微课教学的优势，可以极大地激发学生的学习兴趣，对会计学习产生浓厚的兴趣并快乐地学习会计课程，这也有利于为社会培养高素质的、具有良好会计专业能力的人才，为社会做贡献。

微课作为一种新兴的教学方式和手段，因其"短、小、精、趣"迎合了时代需求和大众心理，也越来越多地被应用于教学当中。教育部刘利民认为："微课符合时代的要求，它能在较短的时间内对某一个知识点进行充分的、有趣的讲解，符合当今紧张的学习生活节奏。不仅为大学生的学习和教师的教学提供了更多的方法，也解决了传统教学课堂中比较容易出现的问题。微课是符合时代要求的积极探索，并希望借此推动教师教育方式方法的变革，解决建议需求多样性、资源便捷性等问题，促进教育与现代信息技术的深度融合。"因此，大学会计课堂中应用微课模式是适应教学改革的需要，也适应时代的发展。同时，有利于会计课堂与信息技术融合发展，有利于促进会计教学的个性化、自主化发展。微课新型教学模式，适应教育发展的潮流和趋势。微课教育模式在高校中的展开已经取得了一些成效。高校应用了这种新型教学模式后，有利于高校对会计人才的培养。这种教学模式不仅提高了学生自主学习会计的积极性与兴趣，而且还提高了学生主动学习的能力和意识。除此之外，微课教学模式对教师的专业能力水平提升也有很大的帮助作用。

二、微课在会计教学改革中的实践设计

（一）教学内容分析——微课选题

1. 微课内容选取原则

（1）知识点为重点、难点

微课设计和应用具有针对性，有的放矢。目的在于解决教学中的重难点问题，体现价值性。在技能型知识点教学中，重点是培养学生的会计基本技能，掌握会计核算方法，而难点是技能和方法的抽象性。

（2）以技能型知识点为主

从教学方式视角，胡铁生将微课划分为讲授类、实验（实践）类、操作类、练习类、讨论（研讨）类、表演类、合作学习类、自主学习类等类型。笔者认为，鉴于专业性强和学生零基础的特点，《会计学原理》基本概念和基本原理适用于讲授法，以学生为主体，由教师引导、传授知识。基本技能和方法是原理的应用，学生已具备专业知识，在这个阶段重点是培养学生动手实践能力、解决问题能力和实际应用能力，部分学生需要先模仿、后识记，微课在技能型知识点教学上有独特的优势，学生可以随时看、重复看、选择看，而对于需要长时间持续探讨的课程，或是对复杂解题过程的讲解，微课便不能达到较好的效果。

目前技能操作部分学习资源少，部分知识点在操作上没有统一口径，如日记账的登记，教材规定应该日清日结，但在案例分析中是日清月结，前后矛盾的地方比较多。因此，笔者拟选择技能型知识点制作和应用微课，丰富教学资源，统一操作规范。

（3）内容可分解性

微课是碎片化学习环境下的产物，主要是针对某个知识点或教学环节而设计构建的，短小精悍，时间一般控制在10分钟以内。在内容选择时要考虑内容的可分解性，该内容是否可以分解成知识单元，是否可以进一步分解成若干知识点。在《会计学原理》教材中，有些内容不适合做成微课，更适合教师用传统课堂教学。

2. 教材分析

《会计学原理》是财经专业学生的必修课程，是学生接触到的第一本专业课教材。如果将会计专业课比喻为金字塔，《会计学原理》便是塔基，其中的核心概念将贯穿会计专业学习的始终，为后续学习《企业财务会计》和《财务管理》等专业课做铺垫。从高校考试分数比例来看，《会计学原理》分值共占专业课总分的三分之二，突显了高校将更重视学生基础知识和基本技能的训练。

以高等教育出版社出版的《会计学原理》第四版为例，本课程共九章，全书可以概括成两部分：第一部分是基础理论，包括会计概念、特点、核算对象、会计要素、复式记账等；第二部分是基本方法和技能，包括填制和审核凭证、登记账簿、编制财务报表等。

《会计学原理》有两大特点：第一，概念多且复杂。《会计学原理》概念众多，其中大部分来自《企业会计准则》，表达严谨、抽象、科学、统一，理解难度较大，如"会计事项"和"会计对象"的概念就十分相近，不容易辨别。学生第一周上课表示"不明白在讲什么"，从第二周开始进入学习状态，但仍然存在靠死记硬背记住概念的现象。第二，重视基本技能。本书从第四章起直到第九章都在介绍技能操作。会计专业培养的是技术型应用人才，不仅要懂会计知识，还须具备实际技能方法和动手操作能力。会计技能包括填制和审核凭证、登记账簿、编制报表等，《会计学原理》介绍的是基本技能，重基础、重视培养学生对会计操作的系统认知。

一般来说，学生在学习的过程中通常存在以下问题：学生的动手实践能力不强；在学习的过程中难以将知识透彻理解，更不能将其用好、用活；在学习的过程中往往存在着"左耳进，右耳出"的状态，对操作步骤十分生疏；过分依赖于教师的讲解，课前基本上不预习，准备不充分。所以，有关学者尝试着采取一些有效的措施来改变这个现状，其主要措施如下：有关学者企图将关键的知识点以现代化信息技术的手段展现在学生的面前，以激发学生学习的积极性、创造性。当然，推动学生进行课前预习这一方法，效果与否，还有待实施。总的来说，上述方法是以教程为基础，在其中灵活运用了与制作技能操作部分中的"银行存款账册"相类似的"专题微课模式"。

（二）教学策略及组织形式

然而，微课则是在以学生自主学习为基础，以启发式教学为主要策略的基本构造上搭建的。而在启发式教学中，教师通常采用多种方法来激发其学习的潜能，以提高其对问题的理解和分析能力。同时，还能推动学生之间进行积极的合作，以促进其养成"合作共赢"的先进意识，以对其未来的发展产生举足轻重的影响，而实现这些目标的主要途径则是指创设情境、设置问题等方面。

（三）教学媒体选择

多媒体、实务投影、PPT。

（四）教学评价

一般来说，教学评价可分为过程性评价和结果性评价两类。过程性评价则主要体现在微课实施之前，而结果性评价则具体体现在微课产生应用结果之后。实践前者的主要途径则包括以下方面：首先，笔者通过各种方式（如问卷和访谈等形式）来将教师等各个参与微课的个体，对该微课的看法进行收集和有关分析。毋庸置疑，以上措施对微课质量的提高提供了一定的保障。其次，要想学生在课前预习和课堂学习等阶段达到一定的预期效果，就必须对其进行监督和规范。而就某些方面对教学的影响还需要进行一些思考，其具体反映在这些方面至自我反省期间出现的问题。最后，非理性认知方面的预习。这个侧重通过以下实现途径：对多组学习者的检测成绩进行不同方面的对比；评价总结微课应用结果；对参加此次微课活动的各个不同主体进行多种方式的咨询，并以此来征集有关人物的心得体会和感受。

第三节 慕课对人才培养的创新应用

一、慕课的起源与特征

（一）慕课的概念

MOOC 即是慕课的简称，是 Massive Open Online Course（大规模开放在线课程）的缩写，是近些年来开放教育领域出现的众多全新课程模式的一种。接下来，我们将对"大规模开放在线课程"（慕课）的概念逐一进行分析："大规模"的解释，无疑就是指对学习这门课程的人员数量不做任何要求，甚至没有最低线和最高线；而所谓的"网络"进行教学的地点主要是在网络等媒介上；而专业词"开放"，则是指对该课程有着迫切向往的学习者都能参与进来,并且还是免费的。据专业人士透露,慕课这类课程并没有存在很长的时间,因此,不难推测出该课程术语的结构体系在一定程度上是不完善的,这方面的许多问题还需要进行一定的探究,还有诸多疑问仍需解决。但我们并不能因此而忽视慕课的重要作用,而应对其客观评价,我们应该从多个角度来探索解决这些问题的方法,这就要求我们不单要从慕课这个客体出发考虑问题,更应该从主体本身来寻找解决问题的方法。例如,学习者在遵循慕课原则的基础之上,应善于从自身条件出发,为自己选择最快、最好的学习方法与技巧,以促进自身圆满完成在线学习、互动、考核、测试等基础环节,帮助自己掌握学习的精髓,以获得相关方面的认证,也推动自身向着更高的方向发展。正因为慕课具备以上的优势,所以引起许多国家和地区高度重视,甚至建立了一些专门研究慕课的专业机构,用于对慕课多方面的具体探索和研究。即便如此,各个国家、地区、不同流派之间对慕课的讨论也是截然不同的,就更别说各国人民对慕课的认识了。而产生这一现象的原因,无非是源自各国的经济、政治、文化的发展方式及结构构造的差异性。

追溯到慕课的起源阶段,慕课的概念都是与关联主义学习理论紧密联系在一起的,认为学习就是通过建立非正式的网络关系而产生、发展起来的。研究表明,慕课是学术理论研究方面的重大成果与结晶。一方面,体现在慕课的理论学术来源即关联主义学习理论不仅是学术理论研究方面的重大里程碑,而且是推动互联网时代发展的巨大动力。另一方面,慕课也在学术上占据着重要的地位,即慕课是将关联主义学习理论运用到实践中去的最好证明。它的出现,不仅为信息时代的发展提供了不可或缺的养料,而且对知识经济时代的到来提供了一条捷径。当然,慕课的基本特征是多方面的,不仅包括它是一类规模巨大、开放范围广阔、在线使用、终身免费的课程;除此之外,具有特殊性质的慕课还善于运用互动式的交流方法来进行学习,它还强调学习者的高度主动性、教学内容的无规律性,以及建立学习通道的必要性。在学术发展史上,曾经还出现了一类典型的以行为主义学习理论为基础的著名的慕课课程,这类课程便是著名的cMOOCs,其以互联的、合作的学习为研究基础,同时运用"物以类聚,人以群分"的原则来进行课程的构造。另外,当提及以上慕课的发展源头,不得不提到由后来斯坦福大学进行的名为"xMOOCs"的实践研究。不仅如此,cMOOCs研究范围还扩展到了运用新型的应用信息技术的教学,这就从另一个方面体现出了该课程对新型课堂教学做出的巨大贡献。此外,还应引起高度重视的是,cMOOCs还有另外一个与众不同的定义:它是对网络时空的无限延展;它是一种"从实际出发,实事求是"的教学手段,在此特点中,它着重强调的是"教授和练习"等一系列的教学环节。由以上分析中,要想充分发挥慕课的积极作用,选择一定的执行主体是十分必要的，因此，该课程的执行者应选择具备某些优势的个体。在历史的舞台上，还存在着一些课程机制在狂热的慕课思潮的影响下而声名四起，其中，典型代表就有英国开放性大学在上述情况下，由原来狭隘服务范围内课程资源共享平台，蜕变为散布到西方世界大舞台，在世界文化发展史上占有重要的地位。

从浅显的层面上来看，慕课只是一种规模较大、在线率较乐观、开放性较高的课程模式。从较深层次的角度出发，我们可以从牛津词典的角度进行解释，具体内容如下："MOOC"属于"学习课程"的一类，其具备以下特点：靠信息技术获得；具有相对的公益性特性；对于参与的人群没有社会地位、道德素质、伦理思想等任何的限制（唯一的条件是其具有学习的兴趣）。还有一种解释将其归纳为远程教育最新的发展成果，而这一说法来源于维基百科中的典型词条。它将"MOOC"看成无严格人数限制的、具有广泛主体性的在线网络课程。同时，对于学习者而言，它的运用还存在以下优势：提供课程视频成品；提供具体的阅读材料和问题试题；提供用于交流的平台。当然以上优势产生了一定的效果，那便是为学习者和教授、助教们的交流创作了一个良好的条件。

总的来说，与传统网络课程相比较，慕课存在着以下优势：提供给学习者准确率较高、效用性极强的课件资料及学习视频及试题答案；为学习者提供了比较有针对性的讨论命题和思想理论；同时，还为学习者提供了比较有效率性和学术性的讨论平台。而开展慕课的效果是多方面的：第一，可以使不同层次的学生在一个比较广阔、平等的平台上进行比较正规而有技术含量的学术讨论；第二，可以打破不同学术人群之间的界限，将对学习有极高兴趣的学生与广阔远见的专家学者紧密联系在一起，从而在学术界中形成一片"强帮弱，合作共赢"的和谐景象。当然，更让人值得重视的是，这类课程存在以下优势：课程全程无任何人群、知识水平方面的限制。更不用担心没有时间（无时间限制）；更没有学习环境的限制；除此之外，更为重要的一点是此类课程无资金门槛限制，可信度极高。而且尤为重要的是，此类课程打破了以往的平台限制，具有广阔的交流平台，其能够在脸书、博客、推特等学习者惯用的新媒体中进行传播。

众所周知，"MOOC"这个专有名词的最后一个单词是"Course"，同时，它也是这个名词的画龙点睛之笔。究其实质，"Course"并不是单纯指单调的课程规划设计，也不是指网上随时可见的学习资料，而是"精选课程"的具体表现。而它所代表的具体内涵是多方面的：第一方面，指课程、教学方面的重要影响因素，具体则指其重要的设计理念、教学过程中应注意的事项、讲课内容的选择与制作标准；第二方面，即指从线上到非线下所有教学的全动态过程，它包含了课程和教学的设计理念；第三方面，则指教学过后学习者最终获得学分与互评情况等。

(二) 慕课产生的背景

从历史追溯至今，信息技术的发展给世界政治、经济、文化等重要领域带来了翻天覆地的变化，慕课这一教学形式也无时无刻不在受着信息技术发展的影响，甚至促使其发展成为全世界教育领域一项瞩目的成就。另外，不能否认的一项事实是，慕课的发展必然会推动时代教育的发展走上另一个高峰。

1. 大数据时代的产物

由于受高速发展的信息技术、日益普及的互联网影响，人们的工作、生活、学习各方面都出现了翻天覆地的变化，集体呈现网络化趋势，这为人类各方面的发展提供了技术层面的支持。不仅如此，在线教学方面，信息技术的发展以及互联网的普及更是为学习者提供了无数便利，譬如，为所有学习者提供无地域、空间限制的学习资源，大大提高了学生与教师之间的交流频率。著名计算机学家 Daphne Koller 认为技术创新还会产生以下成效：使课程制作的成本降低，让在线授课这种教育方式变得更容易，也更便宜。同时，人们的社会活动由于受网络信息技术的影响发生了与日俱增的、不可估量的变化，还使就以前而言难以完成的挑战由理想变为了现实。其中，比较常见的例子是智能手机、平板电脑等现代化信息技术产物的出现，不仅可以打破人们进行学习活动的时空限制，而且还能大大提高学习者的学习效率，突破以往在线教育学习的常规标准。

2. 传统教育的弊端

万事皆有利弊。传统教育当然也不例外。相对而言，传统教育的弊端在于过度限制学生的学习场所，注重以固定的思维习惯来限制学生的学习方式，严重忽视了学生本身的独立思考和学习能力，导致其潜能被埋没，思维被限制。正像著名教育家杜威在"儿童中心论"中所阐述的那样，最好的教育方式便是将理论投注到实践当中去，即将一切教学理论充分运用到教学实践中去。而此理论的根据便在于通过学习者在实践中的体验，可以充分激发其学习的主动性、积极性、创造性，以达到事半功倍的效果。更何况是在知识经济时代的今天，要想使教育发展符合新时代的进程，就必须赋予教育新时代的意义，我们不能仅将教育当作是一份帮助学生适应学习的工作，而应将它作为培育全方面人才的捷径。从以往的经验中，我们已经充分意识到，传统教育模式所培养出来的学生不是新时代发展所需要的全方面发展的人才。因为，在传统教育体系下所培育出的人才，往往是只重理论，却难以将理论运用到实践中去的"机械型人才"，而这种人才并不能达到以上要求。因此，这不仅警示我们在学习的过程中，应该根据自身的具体情况来选择适合自己的课程，甚至是学习方法和策略，还应该充分利用网络这个媒介来进行学习。因为，在网络上学习存在着很多的优势，如具有更加灵活的时空选择。除此之外，这也对学生自学能力、学习效率的提高有着巨大的推动作用，这种设计不仅能培养学生独立的学习能力，更为重要的是，此类学习模式更能引起教师和学生之间的共鸣，从而达到意想不到的效果。

3. 高等教育阶段就读成本高

就当前国际数据统计所显示，在 2019 年，美国大学生的每月平均花费在每月平均家庭收入中所占的比重日益上升。而对于中国大学生而言，每年的学费一般控制在 4000～13 000 元，平均计算下来，我国学生月均生活费在 1 000 元上下。而据数据显示，我国人均家庭在 2019 年纯收入的均值为 13033 元，中位数为 8984 元。这便更加证实了目前我国教育的现状：尽管我国实行着九年义务教育的政策，但仍存在着随着学生年龄的增长学费日益递增的趋势。也正因为如此，导致很多人陷入了"认为高等教育所提供的价值与学习者交纳的学费并不能成正比"的误区，从而引发了"教育水平是否与学费对等"的质疑，长此以往，必然会导致不良的后果。与此相较，慕课在此方面便显示出了明显的优势，慕课提供的教育，根本不存在高额的就读成本与家庭低收入之间的矛盾问题，因此，慕课的推广十分有利于这一类问题的解决。

4. 优质教育资源分布不均

从全球的角度来看，西方等先进的资本主义国家，拥有着世界上最精英的教育团队和最先进的教育资源。据调查，美国的常春藤大学就是其中的典型代表，这是因为它不仅在世界上享有盛名，而且还拥有大量的优秀研究者和精英生源。其中，很重要的一个原因就是这些大学有独特的优质教育资源。从国内的情况来看，分布有较多重点大学，政治、经济、文化等方面发展迅速的东部等发达地区是我国优秀教育资源的"聚宝地"。据近几十年来的统计，随着社会的变迁和高科技人才的迫切需求，我国的优质教育资源与人们日益增长的精神文化需求形成了极大的反差，甚至出现了教育资源在各地区分布极度不平衡的现象，这便使我国的高等教育出现"供不应求""想学而无法学"的尴尬局面，导致诸多的高等人才大都选择国外深造这条路。当然，上述现象必然会使我国的高素质人才出现严重短缺的现象，这极不利于我国建设社会主义科技强国目标的实现。这时，我们便可以充分发挥慕课的相对优势，将其广泛运用于教学之中，不仅可以实现资源的有效共享，而且还可以在很大程度上满足人们的急切需求。

(三) 慕课的特征

随着社会的日益变迁以及慕课发展的日益成熟，慕课呈现出了十分鲜明的特征，具体体现在以下几个方面：

1. 大规模

与规模较小的传统课程相比较，慕课的"大规模"特征集中体现在学习者的规模基本上没有任何规定，一门慕课课程甚至可能有上千、上万人参加。除此之外，还有另外一位学者对这一特征做出了不同的解释，即为数量巨大的学习者、规模庞大的课程范围的综合体（肯·马斯特斯对慕课概念的解释）。然而，在这里大部分人都会有疑问，究竟要有多大的规模，才能算是大规模呢？那么，我们来举一组实例验证一下：就现阶段而言，他们补课的学习者，很轻易就能够达到几千、几万人之多，我们可以想象慕课的学习者在未来的数量是不可估量的。因此，我们可以得出慕课是一种巨型课程的结论。

2. 开放性

慕课的另外一个特征是指其具有开放性。这里的开放性不仅是指参加此类课程主体的开放性，而且还包括开课环境、开课内容、资源信息等来源的多样性。尤其是在美国，慕课更显示出了别具一格的特色，其慕课的开展是以学生的兴趣为基础的。因此，这里的学生没有国籍、学历、地位之分，只要对该课程感兴趣都可以一起来参加，且参加此课程的程序也非常简单，仅需一个账号就可以进入该课程的全程学习。

因此，人们给"慕课"下了一个定义，即具有开放性的巨型课程。因而，"慕课"学习的性质为：一种将分布于世界各地的授课者和学习者通过某一个共同的话题或主题自愿联系起来的方法。

3. 非结构性

从慕课的基本内容来看，其依然存在着一些不足之处，那就是绝大多数慕课提供的课程内容是比较零碎的、不系统的。当然，它的独特之处也是十分显著的，如其内容是多种知识系统的"杂烩"，因此，它的知识系统是一个类似于"网站"的四通八达的知识网络，凝聚了无数专家学者的思想精髓。除此之外，慕课的原始内容并不是一开始就被紧密地联系在一起的，而是通过"慕课"这个媒介而相互交融在一起的，从而构成了一个完美的知识系统。在通常情况下，没有任何一个西方学者能够将慕课设计为顶端课程。因为，起初在大多数人眼中，它只是一些热心教育的人士，或者在一些领域顶尖的专家，为传播该领域的知识而提供的"志愿者"服务。或许，在这一过程中，曾经出现过重视慕课发展的学者，但其只是为了达到一定的功利性目的，或是出于授予学位的需要，或是出于建立课程标准的企图，或是为其自身发展谋求一定的福利。

从我国教育的基层出发，目前我国已经突破了微视频的局限，不再局限于提供精准的课后辅导，而是充分突出慕课的"媒介"地位，以实现其课堂性质的转变。然而，在中小学等初级教育体系中，如何让教师和学生充分理解碎片化知识中的重点和它的内在逻辑（还可将其称为"基于系统设计的碎片化学习"），这是在教育过程中值得每个人思考的问题。而产生这一现象的重要原因，即在于中小学的课程内容的基础性、原则性，而且以上分析也是东西方慕课发展方向以及发展途径有着巨大差异的原因。

4. 自主性

一般而言，每个主体对同一名词的理解都是不一样的。所以，毫无疑问，自主性从不同的学者角度考虑必有着不同的理解。首先，从关联主义的慕课推崇者来看，自主性标志着学习者可以根据自身的情况来设定适合自己的阶段性目标；其次，特定的主题限制内，时间、地点、质量投入的精力等要素都是靠自己把握的；再次，课程学习的形式和程度也都是靠自己来衡量的；最后，其课程考察缺乏准确的标准。当然，特殊情况除外，但值得注意的是，学习者都必须根据自己的真实情况来进行比较准确的评价。总之，这种类型的慕课完全依靠学习者本身的自觉性。

但是，从另外一个角度来看，除了极少数学者，大多数学者都认为慕课的自主性是学习者对自己学习体现出的认真、负责态度的象征。此外，学生进行有效的慕课学习的原理是：从教师规定的基本任务出发，学生可以进行自主的探索、研究，并对此课堂的重点进行更加透彻的理解以及积极进行不同个体间的讨论，其中，最重要的是学生必须积极主动地学习。

（四）慕课的教学方法

1. 分布式学习与开放教学

慕课的教与学是基于互联网的教与学，因此，慕课教学法离不开互联网思维的影响，Web4.0、分众、众筹、分布式学习、开放内容与开放教学等，都可以归结为慕课教学的策略与特色。

其实，回顾慕课的历史，慕课的分布式学习与开放教学思想可以说是贯穿始终的。2007年，科罗拉多州立大学（CSU）的戴维·威利基于Wiki技术，开设了一门在线的开放课程，来自8个不同国家的60位学习者共同参与了课程的建设。该课程的学习可以说是一种产生式的学习，而不是消费式的学习，因为学习者的学习本身就是课程建设的过程。因此，其课程最大的特色可以说是开放内容。

同在这一年，一门名为"社会性媒介与开放教育"的课程在加拿大问世了。该课程的主要是由来自世界各地的专家学者担任客座教授，在线参与课程与研讨。因此，该课程最大的特色可以说是开放教学。

在此后的第二年里，加拿大学者斯蒂芬·唐斯与乔治·西蒙斯又创造了另一个重要成就，即共同创建了一门名为"连通主义理论"的课程。这门课程之所以被公认为历史上第一门慕课，是因为它不仅融汇了无数学者思想的精髓，而且容纳了许多先进的思想，更令人惊叹的是，课程还巧妙地应用了著名的学习理论和框架。

回顾早期的慕课，学习当前主流慕课平台上的这些课程，不难发现，慕课教学实践中的这些开放内容、开放教学、分布式学习的鲜明 Web4.0 思想，并由此逐渐形成慕课不同于以往大学课程，乃至以往在线课程与网络课程的教学法特色。

2. 带有测验题的、高满的、短小精悍的视频

视频作为教学材料，在远程教育与开放教育实践中的应用由来已久。然而，以往的视频课件由于缺乏互动，加之时间普遍过长，不符合互联网时代人们的认知规律和"注意力模式"。为此，短小精悍的在线教学视频开始受到人们的普遍欢迎，这也是微课盛行的原因。其实，在现有的慕课平台和课程实践中，人们看到的课程视频，除了短小精悍之外，还有一个非常突出的特色就是在课程视频中嵌入测试题。嵌入了测试题的课程视频看起来似乎更加短小精悍。这些测试题既是对学习者在线学习效果的检查，同时，又可以使课程视频变得便于交互，互动性更加突出。

在慕课中的课程视频方面，特别值得一提的是，几乎所有的慕课都提供了短小精悍的课程简介视频，从而使学习者在选择课程之前，对课程的目标、内容、形式以及学习成果有一个清晰、明确的认识，而这些短小精悍的课程简介视频本身又是对这门慕课的一种宣传和营销。

其实，在传统大学里，绝大多数课程简介，往往是高年级学生向低年级学生的一种口耳相传，而这种口耳相传难免会带有高年级学生自己的理解和认识，因此未必是全面的、准确的和正确的。在大学里，如果可以将慕课中的这些课程简介视频，引入现实的大学课程与教学之中，相信对于推进高等教育的混合学习会有很大的帮助。

3. 慕课学习是一种自觉、主动与自组织学习

慕课的学习，是以学习者自己习惯和喜欢的方式学习，是按照学习者自己的步调和节

第七章 财务会计人才培养教学改革中的创新

奏来展开的学习，是完全基于个人兴趣、为了自己而由自己给自己设定目标所进行的学习。

因此，慕课学习是完全自觉、自主、自愿、自控的学习。

慕课遭受质疑比较多的地方在于，学生不学习怎么办？的确，学习的自觉性和主动性是任何学习的基础与前提。在线学习的特点之一就在于自觉性、自主性和自控性。

印度物理学教授苏伽特·米特拉（Sugata Mitra）自1991年在印度新德里贫民窟的学校开展的"墙上的洞"（Hole in the Wall）的实验告诉人们，当他们把计算机和网络给予儿童的时候，儿童可以自己教会自己，儿童驱动的教育是被人们忽视了的教育。为此，他从印度新德里的学校开始，"挖洞"不止，一直"挖"到意大利、南非、英国。他所提出的儿童教育理论应当引起人们足够的重视，应当鼓励、帮助和教会学生主动学习与自组织学习，应当给予孩子信任。学校和教师一般是把缺乏主动性和自觉性的学生，从小学到中学到大学，一直呵护托管。这样，到毕业的时候，他们依旧缺乏自觉性和主动性。学校和教师的职责应是帮助学生获得学习的自觉性、主动性和自控性。

过去一直有人追问，慕课与在线课程有什么区别？与大学视频公开课有什么区别？与传统大学的课程到底有哪些不同？不久前，笔者读到加拿大学者，也是慕课的先驱者斯蒂芬·唐斯教授的观点，颇受启发。著名学者曾斯教授曾说过："一门慕课与一门传统课程之间最大的一个区别就是，一门慕课的学习是完全自愿的。你决定自己是否要参加，决定自己要以什么方式参加，觉得对自己有意义，然后你就可以参加。但是，如果你觉得无聊，不想参加，那就可以不参加。"

从中我们不难看出，慕课的性质便是学习者能够进行积极主动、自组织学习。自觉、主动与自组织学习也是慕课教学法的特色之一。

4. 同伴评分与评估

学习者是重要的学习资源。慕课作为一种具有绝对优势的课程，必然具备以下优势：在线课程规模大；参加课程的人数多，少则数千人，多则几万人，甚至几十万人。如果将之与传统课堂相比较的话，它们之间的规模简直有着天壤之别。如若每日专门负责作业的批改，要批改完所有学习者的作业，少说也得150年。

由此，我们可以从中归纳出以下规律：大部分慕课平台所常用的对学习者各方面进行评价的方法是同伴互评。这既是慕课平台与教师团队的无奈之举——面对十五六万名学习者，的确没有更好的办法，同时，又可以说是慕课教学组织的一项创造和创新之举。而这种同伴互评或称为同伴评分与评估，在本质上是一种"同侪互助学习"。

"同侪互助学习"（Peer Learning）是一种新型的合作学习模式。它是学习者在教师的安排指导下，被分配成互助小组，共同完成教师布置的任务。在非正式学习情境中，它是指学习者自发形成互助学习。它可以看作是学习者之间相互请教问题、开展与学习相关的情感交流、进行头脑风暴彼此启迪智慧等。

在几乎所有的慕课平台上，慕课平台管理者或课程组织者往往对学习者之间的同伴评分与评估有一些明确的、具体的和基本的规定。比如，在 Coursera 平台上，台湾大学教授欧丽娟讲授的"红楼梦"课程中就明确要求，每一位修读该课程的学习者都必须批改五份他人作业，同样，每份作业会有五位不同的学习者进行批改。作业批改的时间一般为作业截止日后一周，课程平台和授课教授对评分细则和扣分规定都做出了明确说明。比如，引用他人文字未注明，视同抄袭，该次作业不予计分。而每一次作业的具体细节规定，视每次作业内容的不同而不同。

由于一门慕课可以吸引大批学生，其中不乏一些很有经验和有素质的学习者。这些学习者可以帮助和指导那些缺乏经验的学习者。在某些情况下，学习者之间展开的同伴互评（Peer Grading），完全可以用来协助授课教师的课程教学，并使作业的批改者和被批改者都能从这种同侪互助中受益。当然，对于慕课的同伴评分与评估，不同的人也有不同的理解和看法。一些学者认为，当慕课迎来了如此多学生的时候，这种"退而求其次"的同伴互评方法，似乎是不得不做出的无奈之举。阿曼卡布斯苏丹大学的副教授爱莎·阿尔哈蒂（Aisha S. Al-Harthi）非常重视文化差异给同伴互评所带来的影响。她认为，"不同的文化会从不同角度看待评价、评价的需要以及给出评价的人"。在慕课中，同伴互评自然就不可避免地涉及不同文化中的人如何对同伴进行文化假设的问题，而且与阅历丰富的教授相比，年轻的学生在文化上反而更趋保守。

二、慕课在财务会计教学中的应用

（一）慕课在财务会计教学中的基础理论

西方国家对学习理论的研究主要有认知主义学习理论、行为主义学习理论与连通主义学习理论。

行为主义学习理论的代表人物是桑代克，后来又经过一些人的进一步丰富发展。这种学习理论认为在学习的过程中，主要是刺激与反应的联结，在某种特殊的环境中，当联结反应产生，学习本身作为一种学习活动就产生了学习行为，它所针对的是学习者本人面对外界的刺激时，进行学习行为而进一步获得经验和知识的过程。行为主义理论强调的联结是比较直接的，而不是间接的。它主要发生在外部，并不产生于内部。这种学习理论有一定的缺陷，它忽视了存在于学习者内部的活动过程。

在心理学不断进步的同时，人们对学习理论的研究也在不断地深入，因此，在这个过程中，认知主义理论就产生了。而认知主义理论所强调的是，在学习者的脑海中形成一种特殊的认知结构，当环境对学习者进行刺激的时候，就有了S—O—R过程。当这种理论学习在人的神经元之间形成了一个信息加工厂，就把学习者的主观能动性调动了起来。

随着信息时代网络技术的快速发展和进步，人们对学习理论的研究更加深入，其中以西蒙斯与唐斯为代表，他们所奉行的就是连通主义理论，这种新生的连通主义理论并不是对前两种理论的否定，而是在前两种理论的基础之上获得了更大的进步，其中所产生的信息工具方便人们进行交流。

当然，行为主义学习理论也有自己的特殊之处，它是比较典型的S—R联结，它所针对的对象正是过往那种教师与学生之间的关系，信息化时代的连通主义理论在新的时代顺应了新时代的需求，也顺应了广大人民的需求，促进了现代教育的改革和发展，从真正意义上把教师从课堂上解脱出来，进入真正便捷、有意义的课堂，为学生答疑解惑，促进学生与教师之间的友好交流。

（二）慕课对传统教学的颠覆

信息技术的进步带来了教学的新一轮改革，而且对传统的财务会计领域构成了极大的挑战和颠覆，它主要体现在教学资源、内容、互动，以及教学形式等方面。

1. 慕课对传统教学资源的挑战

传统意义上的财务会计资源是十分有限的，很多的优质教学资源是很难实现共享和开放的。再加上会计的课本成本较高，和其他专业的教育课程相比较，在学生和教师之间，会计教学都没有得到足够的重视。传统的财务会计教学向社会传播仅是通过出版物的方式，而且个别的时候是用精品公开课的方式来对社会进行公开的，很少能对慕课的教育改革提出实质性的意见，在大学中更是如此，精品公开课很少向社会进行开放。

在大学的会计教学过程中，存在教学的封闭状态和个别大学生对优质资源的垄断，以及对资源的独占方面，因此，慕课背景可以使财务会计教学的资源得到开放共享。而且在教学过程中，慕课能够使学生在教学平台享受到最优质的教学资源，并且能紧密结合企业的实际情况使水平突出的教师在群里脱颖而出。在授课过程中，通过微视频能够最直观地接触到企业中最新的原始凭证、记账凭证账户、会计报表等资料，并且能够书写规范、掌握各种凭证和账表的填列以及注意事项等，在此过程中，通过模拟仿真软件进行模拟中的实现，从而提高了学生的学习热情与效率，使课堂更能引发学生的兴趣。

2. 慕课对传统教学内容的挑战

传统财务会计教学与慕课教学相比不同的是，传统财务会计教学主要表现是教师授课，体现以教师为主体，学生作为被动反应的行为者进行行为主义学习模式，在传统财务会计教学中，讲解、演示、模拟是会计教学的主要流程，教师是设计者和组织者，是课堂的主体，而班级的一切事务都主要由教师操刀。例如，班级分组、材料的发放、操作规范及进度安排、注意事项等，在很大程度上抹杀了学生的主体性。而教师作为授课的主体，课堂内容、问题答案都是预先安排的，而学生只是机械地模仿教师的思路，不会挑战教学权威或者对教学过程产生怀疑，大大降低了学生的积极性，无法培养其独立分析和独立思考问题的习惯，从而抑制了学生的创新能力。

与传统财务会计教学相反，慕课教学是以学生为中心，其教学方式呈多样性，多为利用现代化信息技术实现，人与人之间互帮互助的连通主义学习模式。在这个模式下学生作为学习的主体，以学生为中心，教师不再是单一的传授者，它的职能表现在更多的辅助效应，而知识的讲解主要由课上转为课下，这就需要学生通过网络教学平台和仿真实验平台进行线上学习，以及模拟操作、搜索资料、在线测试答疑以及相应的互相交流活动。在这个过程中，教师进行演示，指导学生进行模拟操作。运用这种教学方式，能够促进以学生为中心的学习形式形成，能够充分调动学生的积极性，有利于提高其实践能力和创新能力，有效地融入学习生活中去。

3. 慕课对传统教学互动的挑战

我们认为，传统财务会计教学中互动较少。而学习应发生在个体内部，它有内化学习者的活动，并承认学习者生理特征在学习中的重要性，且忽视外部性与技术的作用。而在行为主义理论的指导下，传统财务会计教学中都是教师授课，学生只是被动地接受知识，是学习的承受者。在传统的实验教学过程中，即使是由小组成员来完成实验操作，但由于学生缺乏相应的实验理论知识，在日常课程中对于授课内容不了解无法向教师教学提出疑问，因此，只能按照教师的教学程序进行操作，实验结果只是唯一的。这样，就造成学生与教师之间互动交流少，而学生与学生之间也无法形成相应的互动。

4. 慕课对传统教学形式的挑战

传统财务会计教学仅限于课堂。行为主义理论与认知主义理论是在信息与网络技术不发达的条件下形成的，其认为学习的空间场所是学校，学习活动主要在课上完成，教师讲解注意事项，演示操作步骤，课下学生完成教师布置的作业。这种集中授课方式不能体现个性化教学，由于受到实验材料和小组分工限制，每个学生不可能接触到全部实验操作。

（三）慕课环境下基础会计教学的基本流程

1. 课前准备阶段

（1）教师应借助网络平台，充分收集学习资料

目前，国内网站关于会计教学的学习资料和视频都非常多，这些视频资源质量参差不齐，而且缺乏一定的针对性，与教师的教学计划有出入，难以满足实际的教学需求。因此，对于教师而言，不能采用现有的网络资源进行教学，而应该根据学生的实际情况，学生使用的教材、相应的知识点等，合理选择并整合现有的学习资源。教师在收集学习资料时要全面，避免单一化。

（2）教师应将慕课理念融入教学设计，整合教学内容

当今学生接收信息的途径简便，学习渠道多，慕课就是其中之一。如果教师不能与时俱进，讲的知识很可能无法吸引学生，不仅不能激发学生的学习兴趣，甚至会打击学生的学习动力。因此，教师在课前准备阶段，可以借助慕课理念，重新梳理单元教学内容，把适合通过教师讲授、演示的知识点分离出来。例如，可以将基础会计教材内容按照实际工作要求，拆成一个个连贯的项目，每一个项目细分成若干个知识点，根据知识点的重要程度和难度，进行教学设计。重点、难点部分可以制作成教学视频，供学生课后消化吸收。

当然，在教学内容的整合上，需要教师投入大量的时间和精力，高校可以根据自身的情况，成立课程改革小组，不断探索和寻找适合学生学习的教学模式。

（3）培养学生课前自主学习的习惯和兴趣

教与学是统一的，学生课前能自主学习相关知识，对课堂教学有很好的促进作用，能大大提高教学效果。学生课堂下自主学习，对学生的自控能力有较强的要求，教师需要在课前设计好相关的问题或任务，要求学生在规定的时间里完成相关的任务，收集学习过程中存在的问题。通过建立QQ群、开通微信、制作短视频等方式，与学生保持交流和学习，把相关的学习资料、课外学习网站、作业、练习等上传到群共享，供学生下载学习。这样，教师能及时解决学生反馈的问题，拉近教师与学生之间的距离，大大提高教学效果。除此之外，为了监督自制力较差或者学习懒散的学生，将课堂下的任务完成情况，严格纳入考核方式里面，通过加大过程性的考核，提高学生自主学习的兴趣。

2. 课堂内化阶段

课堂内化阶段就是以教师和学生为主体，教与学相统一的现场直播，与慕课学习相比，同样的教学设计和授课教师，学生与教师面对面的交流更胜一筹。问题在于，同样的一门课程，不同的教师授课会产生不同的效果，有的教师能更好地吸引学生，受学生的欢迎，课堂效果好，有的则相反。这跟教师的教学能力、教学手段等是分不开的。

3. 课堂后巩固阶段

在校学生必须培养和提高其自学能力，充分发挥主观能动性，而这些能力的培养和提高，关键在学生对课后时间的利用。为此，可以建立课程QQ群和微信群，方便和学生随时交流，并及时发布课程相关信息，对于学有余力的学生，还能在群里选择完成拓展任务、阅读课程拓展资料等。通过建立课程学习讨论群，能及时发现学生学习存在的问题并予以解答，既增加了师生感情，也为学生在学习的自主安排、学习内容和学习方法的自主选择上提供了帮助和建议。

三、财务会计实验教学的慕课改革方案设计

慕课是新近涌现出来的一种在线课程开发模式，它发端于过去的那种发布资源、学习管理系统，以及将学习管理系统与更多的开放网络资源综合起来的旧的课程开发模式。本节主要讲的是会计财务实验教学应该如何进行慕课改革。以下是本节所探讨出来的一些行之有效的方法。

（一）转变教学理念，提高改革的自觉性

会计财务实验教学在进行慕课改革过程中会发生翻天覆地的变化，这种变化主要是针对教师而言的。教师本来的工作是课上授课，向学生传授他们并未接触的知识，是课堂上的权威，但是现在进行慕课改革后，学生可以在慕课线上学习平台上通过观看视频、进行讨论等方式首先预习和掌握课堂所要学习的内容。而在课堂上，学生需要解决的问题就从原来的掌握知识变成了现在的解答疑惑，所以，教师的地位也发生变化了，从权威者变成了解惑者。同时，教师也参与幕后的教案设计、教学设计，便出现了分工现象。但是，这些东西对于老一辈的教师来说，是难以接受的，他们对这种现象是抵制的，并抱有怀疑态度。

想要减缓这种情况，就需要学校的帮助。学校可以说是专业的主办方，应承担起相应的义务，只有慕课教育给学校、给学生带来明显的帮助，他们才会打消怀疑，减少猜测。

所以，学校应该要调动学校下面的各个部门，特别是宣传部和学习部，加大对慕课教育的宣传，并支持有关慕课教育活动的举办。只有使慕课教育常态化，学生和教师才会更加主动，更加容易去接受它。那么，对于学生来说，在慕课改革下，应该找准自己的定位，我们是学生，我们所要做的就是积极地去学习，养成良好的学习习惯，并找到适合自己的学习方法，要利用慕课来提高自己的会计素养。而对于教师来说，不能一味守旧，要更新思想，以学生为重，而不是以自己的经验为重，要帮助学生提高他们的实践能力和自信心。

（二）慕课背景下财务会计实验教学要与翻转课堂相结合

慕课课堂主要指大规模的网络开放课程，而翻转课堂是指学生在课下学习相关知识，而在课上主要是与教师交流，解决主要的疑惑，这主要增强了学生的自主选择性，能使他们按照自己的意愿去安排自己的时间。所以单纯的慕课课堂是无法实现调动学习氛围，增强师生感情的。当然，它对综合能力的培养也起不到很大的作用，所以，一定要将慕课课堂和翻转课堂相结合，这样才能达到课堂质量的最大化。由线下转为线上，看似教师的工作变少了，实则不然，教师由台前的工作转化为幕后工作，他们将会形成一个强大有组织的平台幕后工作团队，团队中的各个工作人员之间形成了契约关系，为了弥补传统学习上的道德缺失，教师和团队都需要承担更大的责任和义务，不同的教师担当不同的角色，并做好其分内的事。而慕课课堂和翻转课堂的结合也是传统教育与线上教育的结合，这样有利于充分利用线上与线下两大资源，既节约了时间，也提高了资源的利用率，有利于提高教育水准。

从慕课与翻转课程结合流程图上，我们可以明显看出它主要的流程，它把整个课程分为了三个部分。第一个部分是教学部分，教学部分又分为了三个小步骤：首先，教师必须做好充分的准备，创作出包含每节课内容的小视频，学生在课前应该将这些小视频观看完毕，并且有选择性地掌握好其中的基础性知识，如果有不会的要留在课堂上向教师请教，这一过程也可以称为查漏补缺的过程；其次，是课堂讨论，这个过程是帮助学生消化理解所学的知识的过程；最后，是教师在学习后对学生进行的课后辅导，这个步骤可以在线上完成。而翻转课堂的功能是将与会计实验操作有关的问题扩大，像一些职业性的问题就会在学生学习会计知识、解决会计问题的过程中去学习和解决。两种课堂的结合能有效缓解传统的教学问题，不仅保留了教师的指导地位，同时也培养了学生的自主性，可以让学生自主地去安排自己的时间，这与以前学生被教师、被学校安排的情况是完全不一样的，有效地提高了教学的质量和学习的质量。

（三）应设立财务会计仿真实验教学平台

有人会提到这个问题，慕课是一种线上教学，它只能保证教学的质量和学习的质量，但是面对一些实验性、操作性较强的学科，慕课又能保证它的学习质量吗？这个问题是值得我们深思的。即使是会计专业，其中也包含了财务会计操作实验课，这项课程操作性是十分强的，如果学生没有亲自去尝试，而只是听教师或者同学将实验过程口述出来，只能说是学到点皮毛，根本无法真正理解操作过程，也无法真正掌握操作技能。所以，慕课现有的教学软件是无法保证操作实验的学习效果的。那么，我们应该怎么做才能保证实验性较强的学科的教学质量和学习质量呢？最新、最有效的方法是建立一个线上仿真模拟实验平台，不管是物理、化学、会计等专业，都可以在线上模拟仿真实验平台进行实验。并且，这是一个可以选择参与人数的模拟仿真实验平台，不仅个人可以参加，小组也可以参加。同时，教师可以制作实验小视频发布到网上，供同学们观看、回顾。当然，视频中要包含实验原理、实验器材和原料以及实验步骤。这样做有两个好处：第一个是减少了实验花费，现在的实验器材价格都比较高昂，线上实验有效地解决了这一问题；第二个是能使实验更加生动形象，并且学生可以不断地回顾，不像线下实验次数少，不容易被学生理解，也不方便。所以，相比之下，线上实验可以更好地提高教学和学习质量。

其实像会计这门学科，尤其是它的实验课程在线下进行会耗费大量的人力、物力、财力。比如，像公司会计部门与其他部门的协作以及会计部门内部的协调，这些实验在现实生活中是很难实现的。但是，自从有了线上实践操作管理平台就不一样了，它可以很真实地重现现实生活中的场景，让我们可以充分体会到会计工作的工作过程，这些都是线下实践所不能达到的。

（四）慕课背景下财务会计实验教学的他组织性

如果一个系统靠外部指令而形成组织，就是他组织，像我们的传统双语教育就属于他组织。如果不存在外部指令，系统按照相互默契的某种规则，各尽其责而又协调、自动地形成有序结构，就是自组织。类似于我们现在使用的慕课双语翻转教育模式。许多人将自组织和他组织看作相互矛盾的两个方面，其实，它们的关系类似于主要矛盾与次要矛盾，都是一个矛盾中所包含的事物，它们是相互联系、相互依赖、相互影响的，主要矛盾支配着次要矛盾，次要矛盾又会影响主要矛盾。我们将国家和学校的政策与目的看作主要矛盾，而将自我发展和安排看作次要矛盾，那么，我们既不能一味地遵从学校安排，这样不利于个人个性的发展；也不能一味地任学生发展，有一些发展是无效的，必须要求学校、教师加以引导和管理。

面对他组织与自组织，甚至更强调自主组织的方向发展，有人会提出新的疑问，线上课堂大部分是学生自主学习，但学生真的有那么强的自律性和自觉性吗？是的，即使是自觉性极强的学生，在学习上也需要加以引导和管理，否则效率是无法得到提高的。这就是一个学校的核心部门集中在行政部的原因。所以，即使有了线上课堂，学校也不应该放松对学生的管理和监督，教师也要对学生的学习效率做出初步的估计。

（五）通过课堂教学提高学习效果

中国有一句老话：菜好吃，但不能当饭吃。这句话用于形容线上课堂和线下课堂是十分恰当的。线上课堂相对于传统课堂来说，的确有很多优势，但却不能取代线下课堂，相较于线下课堂，线上课堂传输的知识是一种信息的交流，而不是感情的交流，学生也是初步、浅层地了解课堂专业知识，并不是真正地掌握专业知识，并且也存在一定的知识漏洞。而线下的课堂可以让学生和教师相互交流，提高学生对知识的理解，也可以起到查漏补缺的作用，这也是我们提倡将线上课堂与线下课堂结合的原因。线上课堂和线下课堂是相辅相成的，只有两者相互结合，学生才能真正地掌握知识，并把这些知识运用到实践当中。线下课堂的另一个优势是能更好地让教师掌握学生的学习情况，线上课堂引进的是国外评价系统，对于中国教育并不完全适用，单纯的线上评估相对于现在的水平来说，还达不到一定的正确率，不一定与学生本身的学习情况相符合。所以，将线上课堂与线下课堂结合起来是非常有必要的，它能有效地促进学生在线上课堂进行自主学习，也会促进学生积极参与到线下课堂活动中来，并将教师在课后布置的作业认真完成，这对于提高教师的教学质量和学生的学习质量是十分有利的。

（六）高校应为实验教学改革创造制度条件

在进行慕课改革后，教师从以前的权威地位变成了幕后的工作人员，但这并不代表他们的工作减少了，他们不仅要参与到线上课堂课前的课件、课业制作，也要参与到慕课的视频制作当中去，并且在线上或者线下随时为学生解答疑惑。所以，教师的教学质量直接影响到了学生的学习质量。因此，高校要对教师进行定时的评测和考核，并制定考核的标准，就像线上课堂可以采用学生在每次完结后进行匿名的自主评价的方法，对教师进行测评。当然，也要制定一定的鼓励政策和激励政策，教师也是很辛苦的，特别是转入幕后工作后，思想就有了松懈，所以，对表现良好的教师进行一定的激励是十分重要的，这个激励可以是思想方面的，也可以是物质方面的。再者，也应该为学生跨专业学习提供机会，并承认其跨专业学习所修得的学分的合法性。另外一点，是高校应该引入一定的市场机制。会计专业的学生以后是为市场服务的，而学校是一个政治文化机构，它对于市场的了解是远远不够的，所以适当引入市场机制，有利于充分地让学生了解市场的运营机制以及公司的管理机制，这样做会给多方面带来利处。

参考文献

[1] 魏朱宝主编. 高级财务会计［M］. 合肥：安徽大学出版社，2018.

[2] 师修繁主编. 财务会计［M］. 上海：立信会计出版社，2017.

[3] 罗勇主编；姜永德，刘淑蓉，胥兴军副主编. 高级财务会计（第3版）［M］. 上海：立信会计出版社，2018.

[4] 缪启军主编；于小梅副主编. 应用型会计人才培养规划教材：会计基础与实务（第4版）［M］. 上海：立信会计出版社，2017.

[5] 张先治，等. 高级财务管理（第4版）［M］. 沈阳：东北财经大学出版社，2018.

[6] 彭晓洁主编. 高级财务会计［M］. 沈阳：东北财经大学出版社，2015.

[7] 李定清，曾林主编. 现代财务与会计探索（第3辑）［M］. 成都：西南交通大学出版社，2016.

[8] 天津财经大学会计与财务类专业建设组编. 会计与财务类专业建设的理论与实践［M］. 天津：南开大学出版社，2017.

[9] 鲍新中，孟秀转主编. 财务会计类专业教学改革研究［M］. 北京：知识产权出版社，2016.

[10] 黄辉，尹建平主编；顾飞，程洁，刘斌副主编. 现代财务与会计探索（第5辑）［M］. 成都：西南交通大学出版社，2019.

[11] 叶时平主编. 高级应用型人才培养的探索与实践［M］. 杭州：浙江工商大学出版社，2018.

[12] 李定清，曾林主编. 现代财务与会计探索（第4辑）［M］. 成都：西南交通大学出版社，2017.

[13] 孔德兰主编；许辉，黄道利副主编. 管理会计实务［M］. 沈阳：东北财经大学出版社，2017.

[14] 李定清，曾林主编；余新，周兵，陈永丽副主编. 现代财务与会计探索（第2辑）［M］. 成都：西南交通大学出版社，2015.

[15] 申香华,周宇主编. 财务会计实验［M］. 上海：汉语大词典出版社,2009.

[16] 潘琰主编. 应用型本科人才培养的探索与实践：基于财务与会计人才培养视角［M］. 厦门：厦门大学出版社,2013.

[17] 桂玉娟. 财务分析［M］. 上海：上海财经大学出版社,2017.

[18] 丁皓庆,冀玉玲,安存红. 现代信息技术与会计教学研究［M］. 北京：经济日报出版社,2019.

[19] 李定清,曾林主编；余新,周兵,陈永丽副主编. 现代财务与会计探索［M］. 成都：西南交通大学出版社,2014.

[20] 缪启军主编. 会计基础与实务（第5版）［M］. 上海：立信会计出版社,2019.